기독교 작가의 절대다수는 엄숙하고 근엄하다. 신성과 신앙이란 본디 궁극의 것이므로, 그것을 말하고 글 쓰는 일은 진지함을 피하기 어렵다. 허나 다른 무엇보다도 우리의 구원과 행복을 바라시는 하나님은 얼마나 유쾌한 분인가. 가볍고 날렵한 언어, 경쾌한 문장, 실실 웃으며 신나게 읽을 수 있는 필력의 저자가 얼마나 그리웠던가. 나는 그토록 기다려 온 저자를 이 책에서 만났다. 재미진 데다가 나름 고급지다. 한번 맛보시라.

김기현 목사 _로고스교회, 「예배, 인생 최고의 가치」(죠이북스) 저자

그리스도인의 삶은 "아들이 아버지께서 하시는 일을 보지 않고는 아무 것도 스스로 할 수 없나니 아버지께서 행하시는 그것을 아들도 그와 같이 행하느니라"(요 5:19)라고 말씀하신 예수님을 본받아, 지금 여기서 하나님께서 행하시는 '창조와 구원의 행위'를 잘 '보고' 그 일에 '동참'하는 삶이다. 이 책은 이러한 삶으로 독자를 자연스럽게 인도해 준다. 일상사(생사의 문제 같은 큰 주제뿐 아니라, 먹고 자고 싸는 일 등 사소한 일까지도) 속에 담긴 하나님의 창조와 구원 역사를 잘 보고 그것에 제대로 동참할 수 있도록 성경적 지침을 제공해 주기 때문이다. 저자가 채용한 이야기 기법은 이 책의 큰 장점이기도 하다. 독자의 몰입을 돕는 데 기여하기 때문이다. 이런 장점 때문에 교회의 청소년이나 청년들에게 이 책을 적극 추천하고 싶다. 그리고 교회 장년들의 목장 모임에서 한두 꼭지씩 읽은 후 토론하는 시간을 갖는 것도 크게 유익하리라 생각한다.

김병권 교수 _침례신학대학교 기독교윤리학

호당 선생이 휘두르는 칼날의 초식(招式)처럼 저자의 문장 하나하나가 밋밋하고 단단한 표피적인 일상의 삶을 쩍쩍 갈라서 우리에게 진주를 선물한다. 오랜만에 유쾌한 글을 먹었다. 삶은 '아, 살고 싶다. 살아 보자'는 억지다짐으로 사는 것이 아니다. 호당 선생의 36초식이 살맛나게 한다. 우리의 삶을 살게 하는 이 책을 먹어 보라.

김병년 목사 _다드림교회, 「묵상과 일상」(성서유니온선교회) 저자

아하, 이것을 도대체 뭐라고 말해야 할지……. 듣도 보도 못한 초식(招式)을 펼치는 신진기예가 무림에 등장했다. 그의 출사표는 일상영성. 현란한 초식의 토대가 기독교세계 관류인 것은 진작 알아챘지만, 다들 진중하게만 수련하던 전통을 이런 변칙적 품새 위에 얹어 책 한 권 분량으로 뽑아내는 내공은 일찍이 만나지 못했다. 오랜만에 강호에 바람을 일으키며 등장한 이 책을 찬탄하며 따르는 이들이 적잖이 일어나겠고, 그의 필체를 흉내 내는 이들도 이제부터 꽤나 나오겠다. 그러나 주의하시라. 이 책의 표면에는 치사량의 당분이 발라져 있다. 그것만 빨아먹는 이들은 충치를 얻고 말 것이나 끝까지 씹어 먹는 이들은 깊고 넓은 호흡과 안목을 얻을 것이다. 강호제현들은 서둘러 이 비급을 돌려 읽기를 바란다. 내일이면 늦다. 지금 읽으라.   양희송 대표 _청어람ARMC

드디어 기독교 출판 강호에 이야기 무공 절세 고수가 나타났다. 지난 십여 년간 변방의 상연파에서 절치부심 내공을 키웠고 이제 그 진가를 발휘할 시점이 된 것이다. 일상생활과 신앙 이야기를 이렇게 맛깔스러운 이야기로 풀어낼 고수가 강호에 그리 흔치 않을 것이다. 자랑스럽게 일독을 권한다. _상연파 장문인(掌門人)

지성근 대표 _일상생활사역연구소

호당 선생,
일상을 말하다

죠이선교회는 예수님을 첫째로(Jesus First)
이웃을 둘째로(Others Second)
나 자신을 마지막으로(You Third) 둘 때
참 기쁨(JOY)이 있다는 죠이 정신(JOY Spirit)을 토대로
하나님 나라의 확장을 위해 지역 교회와 협력, 보완하는
선교 단체로서 지상 명령을 성취한다는 사명으로 일합니다.

죠이선교회 출판부는 그리스도를 대신한 사신으로
문서를 통한 지상 명령 성취와 하나님 나라 확장을 위해 노력합니다.

《호당 선생, 일상을 말하다》
Copyright ⓒ 2019 홍정환

이 책의 저작권은 저자와 독점 계약한 죠이선교회에 있습니다.
신 저작권법에 의하여 한국 내에서 보호받는 저작물이므로 무단 전재와 무단 복제를 금합니다.

죠이북스는 죠이선교회의 임프린트입니다.

호당 선생, 好糖先生
일상을 말하다

홍정환 지음

죠이북스

차례

들어가며 · 9

1 호당 선생, 설거지를 말하다 · 15
2 호당 선생, 잠을 말하다 · 23
3 호당 선생, 똥을 말하다 · 33
4 호당 선생, 밥을 말하다 · 43
5 호당 선생, 기쁨을 말하다 · 51
6 호당 선생, 분노를 말하다 · 59
7 호당 선생, 슬픔을 말하다 · 67
8 호당 선생, 두려움을 말하다 · 75
9 호당 선생, 일을 말하다 · 83
10 호당 선생, 인간관계를 말하다 · 91
11 호당 선생, 임금을 말하다 · 99
12 호당 선생, 교회력을 말하다 · 107
13 호당 선생, 하나님 나라를 말하다 · 115
14 호당 선생, 휴대전화를 말하다 · 123

15 호당 선생, 신용카드를 말하다 · 133
16 호당 선생, 연애를 말하다 · 141
17 호당 선생, 드라마를 말하다 · 149
18 호당 선생, 음악을 말하다 · 157
19 호당 선생, 운동을 말하다 · 165
20 호당 선생, 독서를 말하다 · 173
21 호당 선생, 성을 말하다 · 181
22 호당 선생, 재테크를 말하다 · 189
23 호당 선생, 운전을 말하다 · 197
24 호당 선생, 삼위일체를 말하다 · 205
25 호당 선생, 다이어리를 말하다 · 213
26 호당 선생, 빚을 말하다 · 221
27 호당 선생, 우정을 말하다 · 229
28 호당 선생, 안식을 말하다 · 237
29 호당 선생, 탄생을 말하다 · 245
30 호당 선생, 성숙을 말하다 · 253
31 호당 선생, 질병을 말하다 · 261

32 호당 선생, 죽음을 말하다 · 269
33 호당 선생, 옷을 말하다 · 277
34 호당 선생, 식사를 말하다 · 285
35 호당 선생, 집을 말하다 · 293
36 호당 선생, 목욕을 말하다 · 301

⟨번외 편⟩ 상연정(常戀亭)에서……
1 폭력 충만한 일상 · 312
2 자녀 교육에서 나의 성숙으로 · 327
3 건조한 성령 충만 · 344
4 선교적 교회를 꿈꾸며 · 355

감사의 글 · 382

들어가며

한글을 막 배웠을 때 일입니다. 빠르게 지나가던 텔레비전 자막을 보고 몇 단어를 소리 내어 따라 읽자 주위 어른들이 과장된 표정으로 저를 칭찬해 주셨습니다. 그것이 어린아이에게 흔히 해주는 종류의 칭찬인 걸 몰랐던 저는 '뭔가 읽으니 칭찬 받는구나'라는 생각을 하고는 그때부터 칭찬 받기 위해 닥치는 대로 문자를 읽기 시작했습니다.

너무 일찍 읽기의 맛을 알아 버린 부작용이었을까요? 친구들이 바깥에서 뛰놀 때도 저는 집에서 책만 붙들고 있느라 운동 신경을 잃고 비만을 얻었습니다. 정적인 삶에 특화된 신체를 완비한 저는 유일하게 잘할 수 있는 활동인 독서에 더욱 매진하였습니다. 문학과 역사, 기독교 서적, 그리고 성경을 매우 열심히 읽었습니다.

그러다 사춘기의 어느 날, 중국 작가 김용의 「영웅문」 시리즈를 만났습니다. 그 길로 무협 소설의 세계로 빠져든 저는 이야기가 갖는 원초적 에너지에 눈을 뜨게 되었습니다. 그때부터 이른바 환상 문학을 다양하게 읽기 시작했고, 환상 문학 속 세계관을 더 잘 알고 싶어 동서양의 고전도 읽기 시작했습니다. 그 과정 중에 무협 소설 작가 금강 선생님의 문하에서 글쓰기를 배우며 무협 소설도 한 질 쓰게 되었습니다.

이러한 경험을 양분 삼아 저는 「호당 선생, 일상을 말하다」를 이야기 형식으로 썼습니다. 물론 이야기에 대한 애정이 크기도 하지만 개인적인 취향을 넘어 이야기야말로 일상생활을 담아내는 데 가장 적합한 그릇이라는 확신을 가지고 있기 때문입니다. 이야기는 개인과 공동체의 정체성을 형성하기에 개인과 공동체의 일상생활을 탐구하는 데도 꼭 필요한 장르라고 생각합니다.

어떤 분들에겐 이 책의 형식이 낯설지도 모르겠습니다. 짧고 분명하게 주제를 설명하고 논하는 대신 지나치게 추상적인 테두리로 얄팍한 결론을 수식하는 것을 불편하게 여기실 수도 있습니다. 나아가 때론 특정 주제에 대한 제 견해가 모호하게, 혹은 불편하게 느껴질 수도 있을 것입니다.

저는 제가 좋아하는 교육학자 브루너의 말을 인용하며 독자 여러분을 이 책 속으로 초대하고 싶습니다. 그는 "이야기는 문제를 해결하는 도구라기보다는 문제를 발견하는 도구다"라고 말했습니다. 제가 쓴 얄팍한 이야기도 그렇습니다. 일상생활 속 다양한 주제를 다루긴 했지만 확실한 답을 드릴 수 있다고는 생각하지 않습니다. 이 이야기를 통해 각자의 일상생활을 반추해 보고 문제를 발견할 수 있다면 그것만으로도 충분히 감사한 일일 것입니다. 더 나아가 이 책이 일상을 살아 내는 모든 분에게 대화의 마중물이 되기를 기대합니다.

2019년 4월

홍정환

본문에 사용된 성경 구절은 '개역한글판'이며, 그렇지 않을 경우 따로 표기하였습니다.
이야기 속 호당 선생은 세로쓰기로 인쇄된 성경을 보기 때문에 '개역한글판' 성경이 적절하다고 판단하였음을 밝힙니다.

주요 등장인물 소개

호당 선생 이 이야기의 주인공. 이름도 나이도 출신지도 알려지지 않은 멜기세덱과 같은 인물이다. 체구는 작은 편이고, 길게 자란 호호백발을 곱게 빗질해 말총머리로 질끈 묶은 스타일을 고수하고 있다. 마을 사람 모두가 좋아하고 존경하는 인격의 소유자이며, 무척 지혜로워서 인생의 중요한 결정을 앞둔 사람들이 자주 상담을 요청한다. 초콜릿을 비롯해 단 것[糖]을 광적으로 좋아해서[好] 호당 선생好糖先生이라고 불린다.

호당 선생의 아내 호당 선생과 마찬가지로 이름도 나이도 알려지지 않은 인물이다. 호당 선생에게 큰 소리를 칠 수 있는 유일한 사람이며, 열정적인 드라마 애호가다. 제법 큰 키에 호리호리한 몸매로 젊은 시절에는 대단한 미녀였다.

오덕 이 작품의 준 주인공. 게임과 애니메이션 등 각종 서브 컬처에 능통한 문화인이며, 검정 뿔테 안경에 체크무늬 남방, 배바지, 백팩을 애용한다. 키가 크지만 머리도 크고 배도 많이 나왔기에 멀리서 보면 전혀 커 보이지 않는 체형을 가지고 있다.

스팍 오덕의 친구. 본명은 장수복이며, 작은 키에 보기 좋게 날렵한 마른 근육질 몸매를 가지고 있다. 귀 끝이 보통 사람보다 뾰족한 데다 성격도 이성적이라, 오덕은 영화 〈스타트렉〉의 주요 등장인물인 벌컨족 외계인의 이름을 따서 그를 '스팍'이라고 부른다. 강박적으로 감정을 감추고 이성적으로 사고하려 애쓰다 보니 인간관계에 애로사항이 많은 편이다.

지성 사고로 부모를 잃고, 지웅(호당 선생 친구의 아들)의 손에서 자란 소년. 지웅마저 세상을 떠난 후에는 호당 선생의 집에서 살게 되었다. 명석하고 책을 좋아해서 호당 선생이 남긴 기록을 탐독하며, 그의 가르침을 체계적으로 재구성해 사람들에게 널리 알리게 된다. 후일 '상연정'이라는 곳을 지어 후학들을 가르친다.

"우리가 사는 세상은 허드렛일이 담고 있는 살림의 가치를
보지 못하게 눈을 가린단다.
심지어 진리를 이야기하는 종교 현장에서도 그렇지."

1
호당 선생, 설거지를 말하다

　정수리를 뜨겁게 달구던 태양은 어느새 서쪽 하늘로 자리를 옮겼다. 잠시 황금빛으로 반짝이던 세상은 이내 그 빛을 잃었다. 사람들이 바쁘게 오가던 길에도 땅거미가 깔리기 시작했다. 초저녁, 어두워진 길을 걷던 남자는 문득 걸음을 멈추더니 숨을 크게 들이마셨다. 선선한 공기가 그의 몸을 가득 채웠다. 그는 다시 걷기 시작했고 얼마 되지 않아 작은 집에 도착했다.

"어르신, 계십니까? 저 오덕입니다."

"문 안 잠갔으니 들어오너라."

"예, 어르신."

자기를 오덕이라 소개한 남자는 문을 열고 집 안에 들어섰다. 오덕은 텔레비전을 켜 놓은 채 소파에서 꾸벅꾸벅 졸고 있는 할머니에게 인사했다.

"할머니, 저 오덕이에요."

"응? 아이고 내가 깜빡 졸았구나. 네가 이 시간에 어쩐 일이냐? 밥은 먹었어?"

할머니는 화들짝 놀라며 잠에서 깼다. 오덕은 뒤통수를 긁으며 대답했다.

"예. 밥은 먹었고요, 어르신께 뭐 좀 여쭤볼 게 있어서 왔어요."

"나는 부엌에 있으니 거기서 잠깐 기다리고 있거라."

오덕에게 집으로 들어오라던 목소리가 다시 들렸다. 오덕은 목소리가 들려온 곳으로 갔다. 그곳에는 할아버지가 서 있었다.

"어르신……"

오덕은 자기가 어릴 때부터 이미 노인이던 할아버지를 불렀다. 작달막한 체구에 긴 호호백발을 뒤로 넘겨 질끈 묶은 모습은 십수 년 전이나 지금이나 한결같았다.

문득 오덕은 마을 사람들 중 누구도 이 할아버지의 정확한 나이를 모른다는 사실을 기억해 내었다. 그리고 할아버지의 정확한 이름을 아는 사람이 없다는 것. 사람들은 할아버지를 그저 '어르신' 혹은 '호당 선생'이라고 불렀다. 어쨌건 마을 사람들은 호당 선생의 연륜과 인격을 존경했다. 그래서 곤혹스런 문제가 생겼을 때 호당 선생을 찾는 것을 몹시 자연스러운 행동으로 여겼다. 그래서 오덕도 오늘 호당 선생의 집을 찾은 것이다.

"거실에서 기다리지 않고……."

"어르신, 설거지하십니까?"

오덕은 눈을 크게 떴다. 고양이 캐릭터가 그려진 앞치마를 입고 설거지에 몰두하던 호당 선생은 유쾌하게 웃었다.

"허허허, 설거지하는 남자가 어디 나뿐이더냐."

"물론 그렇긴 하지만 솔직히 어르신들 중에서는 본 적이 없는 것 같습니다."

호당 선생은 그릇을 정리한 후 싱크대에 남은 물기를 행주로 닦아 냈다.

"그래……, 생각해 보니 나도 결혼 전에는 거의 해본 적이 없었던 것 같구나."

"그러면 결혼이 계기가 되어 설거지를 시작하신 것입니까?"

"그렇다고 할 수도 있지. 그때는 할멈 몸이 많이 약했거든. 어떻게라도 돕지 않으면 안 될 상황이었어. 지금은 할멈이 나보다 많이 건강해져서 하기 싫어도 할 수밖에 없는 상황이고……."

"예?"

"그런 게 있느니라. 허허허……."

오덕은 호당 선생의 웃음에 담긴 미묘한 감정을 읽었다.

"그래도 어르신은 참 즐겁게 설거지하시는 것 같습니다."

"의미를 발견할 수만 있다면 아무리 단조로운 일도 즐겁게 할 수 있는 법이니까."

호당 선생은 비누칠한 행주를 몇 번 문지르더니 달걀 껍질과 함께 냄비에 넣고 물을 부어 끓이기 시작했다.

"아, 어르신께서 예전에 해주신 말씀이 생각납니다. '단조로운 일이야말로 그의 성품을 평가하는 시금석'이라고 하셨지요?"

"내가 그렇게 훌륭한 말을 만들어 냈을 리는 없으니, 아마 다른 사람의 말을 인용한 것이겠구나! 오스왈드 챔버스의 말이었나?"

"어르신도 참……."

호당 선생의 겸손한 말에 오덕은 미소 지었다. 그때 두 사람의 대화가 중단되었다.

"영감, 이 컵도 씻어 주구려."

"거참! 한 번에 다 내오지 않고……."

호당 선생은 투덜거리며 아내가 내민 컵을 받았다. 그는 부엌에서 아내가 나간 것을 확인한 후 속삭이듯 오덕에게 말했다.

"설거지를 비롯한 가사 노동이 왜 힘든지 알겠느냐? 노동의 강도 자체보다 '끝없는 반복성'이 사람을 미치게 하는 거란다.

끝났다고 생각한 순간에 들어온 이 컵을 보려무나. 그리고 똑같은 일을 내일 또 해야 한다고 생각해 보거라."

오덕의 양쪽 입꼬리가 말려 올라갔다.

"왠지 맺힌 게 많으신 것 같습니다, 어르신."

"오죽하려고? 영감이 신혼 시절에는 잠꼬대도 했단다. 영감, 여기 포크 하나 더 있수."

부엌으로 들어오며 할머니가 하신 말에 오덕은 터져 나오는 웃음을 간신히 참으며 물었다.

"잠꼬대를 뭐라고 하셨나요?"

"말도 마라, 오덕아. 글쎄 이 영감이 자다가 갑자기 팔을 번쩍 들더니 '설거지하기 싫어! 집안일하기 싫어!'라고 소리 질렀단다."

"흠흠…… 할멈, 내가 워낙 귀한 아들이었던지라……."

"나도 귀한 딸이었수."

할머니는 포크를 싱크대에 던져 넣고는 거실로 돌아갔다. 오덕은 웃음을 참느라 기괴하게 일그러진 얼굴로 말했다.

"얼마나 싫으셨으면 잠꼬대를 다 하셨습니까?"

"말 말거라! 그때 나는 의미 있는 일을 해야 한다는 생각을 강박적으로 하면서도 정작 허드렛일의 의미는 깨닫지 못했단다."

"허드렛일의 의미요?"

오덕의 물음에 호당 선생은 눈을 빛냈다.

"주부가 하루만 쉬어도 집 안이 엉망이 되지? 좀 과장하면 식구들이 '죽음'을 경험하는 것이나 마찬가지란다. 주부의 허드렛일을 '살림'이라고 부르는 것도 그 일을 통해 '살림', 즉 생명을 누리기 때문이 아니겠느냐?"

"오, 어르신! 그럴 듯합니다."

호당 선생은 뜨거운 행주를 찬물에 헹구며 말했다.

"우리가 사는 세상은 허드렛일이 담고 있는 살림의 가치를 보지 못하게 눈을 가린단다. 심지어 진리를 이야기하는 종교 현장에서도 그렇지. 허드렛일의 의미를 깨닫지 못하는 종교는 절대 살림의 종교가 될 수 없는데 말이야."

"종교도요?"

"그럼! 예수님을 생각해 보거라. 왕실의 안락한 요람이 아니라 마구간에서 태어나신 예수님은 목수 가정에서 허드렛일을 하며 자라셨고, 허드렛일을 하던 사람들과 함께 갈릴리라는 역사의 현장에 서 계셨지. 오덕아, 예수님이 직접 허리에 수건을 두르고 발을 씻겨 주는 허드렛일을 하시면서 제자들에게 '너희도

서로 이와 같이 하라'(요 13:14 참조)고 말씀하신 것을 기억하느냐?"

"예, 어르신. 똑똑히 기억하고 있습니다."

"그게 다가 아니란다. 예수님은 허드렛물 인생이나 다름없는 강도들과 함께 쓰레기 소각터에서 죽으셨지. 그 '죽음'은 우리의 '살림'이 되었고……. 일상 속에서 허드렛일을 하다 보면 마치 내가 죽어 가는 것처럼 느껴질 때가 많단다. 하지만 그 '죽음'을 통해 다른 사람들은 '살림'을 경험하게 된단다."

호당 선생의 눈동자가 촉촉해졌다. 그는 입을 다문 채 행주를 짜서 건조대에 널었다. 그리고 그는 오덕에게 물었다.

"한데 오덕아 오늘 무슨 일로 찾아온 게냐?"

"어르신, 실은……."

호당 선생은 손을 저으며 오덕의 말을 막았다.

"여기서 선 채로 이러지 말고 앉아서 달달한 거라도 먹으면서 이야기하자꾸나."

오덕은 '호당 선생'이란 별명의 유래를 떠올렸다.

호당 선생 ^{好糖先生}, 그는 단 것[糖]을 광적으로 좋아하는[好] 사람이었다.

"잠은 하나님의 선물이고,
또 사람이 할 수 있는 믿음의 표현이지.
오덕아, 히브리인에게 하루의 시작이 언제인지 아느냐?"

2
호당 선생, 잠을 말하다

호당 선생은 결코 서두르지 않았다. 그는 숨조차 아껴 쉬면서 천천히 상자를 열고 금박을 벗겨 내기 시작했다. 금박 아래에서 초콜릿이 모습을 드러내자 호당 선생은 나지막한 탄성을 질렀다.

"아……."

호당 선생은 초콜릿을 식탁 위에 내려 둔 채 쳐다보기만 했다. 오덕은 호당 선생의 얼굴을 보며 '초콜릿을 앞에 두고 사람이 지을 수 있는 표정이 이리도 풍성했던가?'라며 감탄하였다. 오덕은 호당 선생의 얼굴에서 이민 간 손녀를 다시 만나는 할아버지의 표정과 그 손녀를 다시 외국으로 보내는 할아버지의 표정 모두를 볼 수 있었다. 그렇게 한참이나 눈으로 초콜릿을 즐기던 호당 선생은 눈을 감고 숨을 크게 들이쉬었다.

"차를 마실 때 눈으로 빛을, 코로 향을, 입으로 맛을 즐긴다지? 단 것을 먹을 때도 마찬가지인 게야."

호당 선생은 천천히 눈을 뜬 후, 초콜릿을 반으로 부러뜨려 오덕에게 나눠 주었다. 오덕은 사양하려다가 예의가 아닌 것 같아서 일단 받아 들었다.

'이거 먹으면 더 살찔 텐데…… 매일 컴퓨터 앞에만 앉아 있느라 배가 많이 나왔는데…….'

속으로 중얼거리던 오덕의 눈에 벗겨진 초콜릿 포장이 들어왔다. 그리고 거기에 쓰인 숫자도!

"어, 어르신…… 유통기한이 좀 지난 것 같습니다."

"괜찮다, 오덕아. 유통기한이란 말 그대로 유통 가능한 기한을 표시한 것일뿐이니라."

"그래도 어르신, 일 년이나 지났는데……."

"어허! 세 치 혀를 위해서 건강 따위는 초개처럼 버릴 수 있어야 하는 법이니라."

호당 선생은 한쪽 눈을 찡긋거리며 초콜릿을 입에 밀어 넣고 우물거렸다. 오덕은 어쩔 수 없이 호당 선생을 따라 초콜릿을 입에 넣어야만 했다.

"이제야 좀 살 것 같구나. 그래, 오늘 무슨 일로 찾아온 게냐?"

호당 선생은 의자 등받이에 몸을 바싹 붙이며 오덕에게 말했다. 유통기한 지난 초콜릿이 못내 찝찝했는지 물고만 있던 오덕은 질문에 답하기 위해 그것을 냉큼 삼켜야만 했다.

"어르신, 혹시 어르신은 귀신 들린 사람을 보신 적 있으십니까?"

"음…… 갑자기 그건 왜 물어보느냐?"

호당 선생의 볼이 실룩거렸다. 호당 선생은 혀끝으로 어금니에 붙은 초콜릿을 닦아 내며 오덕에게 반문했다. 하지만 오덕은 쉽게 대답하지 못했다.

"실은……"

"괜찮다. 말해 보거라."

"실은 얼마 전 저한테 마귀가 붙었다는 이야기를 들었습니다."

호당 선생은 손바닥으로 식탁을 내리치며 말했다.

"뭐라? 대체 누가 네게 그런 이야기를 했단 말이냐?"

"그게 저…… 여자 친구의 어머니가 저더러……."

"그 무슨 말도 안 되는 소리냐?"

"그렇지요, 어르신?"

"그렇다마다. 너한테 어떻게 여자 친구가 있다는……."

"예?"

"아, 아니다! 좀 자세히 말해 보거라. 그분이 밑도 끝도 없이 그런 이야기를 하진 않으셨을 게 아니냐!"

"예, 어르신. 실은……."

오덕은 얼마 전 거의 일주일 정도 밤을 새다시피하며 무언가를 했었다. 그 일을 모두 마친 후 오덕은 쓰러지듯 잠자리에 누웠는데, 잠들기 직전 여자 친구에게서 핸드폰 문자 메시지가 왔다. 그때 시각이 저녁 여섯 시! 오덕은 극심한 피로를 이기지 못하고 그대로 잠들고 말았다.

하지만 오덕은 잠시 후 퍼뜩 일어나 답장 메시지를 보냈다. 시계를 보니 저녁 8시가 조금 넘어 있었다. 그런데 아무리 기다려도 여자 친구는 전혀 반응하지 않았다. 오덕은 '답장이 좀 늦을 수도 있지 너무하는 거 아니야?'라고 생각하면서도 습관을 좇아 사과 전화를 걸었다.

그런데 전화기 너머로 들려오는 여자 친구의 목소리는 몹시 냉랭했다. "하루가 넘어서 답장해 놓고 뭐가 그렇게 당당해?" 오덕은 당황하지 않을 수 없었다. 하루가 넘었다니! 알고 보니 오덕은 스물여섯 시간을 내리 잤던 것이다! 오덕은 일주일 동안 못 잔 잠을 자느라 그랬다고 설명했지만 여자 친구는 여전히 냉랭했다. 설상가상으로 여자 친구의 어머니가 그 이야기를 듣고 오덕에게 '잠 마귀'가 붙었다고 말했다. 아무리 피곤해도 그렇게까지 자는 건 정상이 아니라는 이야기와 함께 말이다.

"어르신, 그래서 이참에 잠에 대한 올바른 태도가 무엇인지 여쭤보려고 찾아뵈었습니다."

"음……. 그렇구나. 네 상황을 다 알지 못하니, 일반적인 것만 몇 가지 말해 볼까?"

"세이경청洗耳敬聽하겠습니다, 어르신!"

오덕은 허리를 반듯하게 세웠다.

"우선 무조건 적게 자는 것이 옳다고 해선 안 된다는 점을 말해 두고 싶구나. 현대인은 대부분 잠이 부족하지."

호당 선생은 방에 들어가 성경을 가져와 식탁 위에 펼쳤다.

"내가 누워 자고 깨었으니 여호와께서 나를 붙드심이로다 천만인이 나를 둘러치려 하여도 나는 두려워 아니하리이다(시 3:5-6)."

세로쓰기로 인쇄된 성경은 손때가 묻어 반질거렸다. 오덕은 손가락으로 글자를 짚어 가며 읽어 주는 호당 선생 덕에 한자로 적힌 단어의 발음을 알 수 있었다.

"시편 3편에 있는 구절이지. 그리고 127편에 있는 구절은 너도 들어 보았을 게다. '여호와께서 집을 세우지 아니하시면 세우는 자의 수고가 헛되며 여호와께서 성을 지키지 아니하시면 파숫군의 경성함이 허사로다'(시 127:1)."

"저, 어르신, 제가 한자를 잘 몰라서요. 경성警醒이 무슨 말입니까?"

"잠에 취하지 않고 깨어서[醒] 주변을 경계한다[警]는 말이지. 잠을 줄여 가며 과업을 성취하려는 인간의 모습을 담은 말이랄까? 흠흠…… 그리고 이어지는 구절을 잘 보거라. '너희가 일찍이 일어나고 늦게 누우며 수고의 떡을 먹음이 헛되도다 그러므로 여호와께서 그 사랑하시는 자에게는 잠을 주시는도다'(시 127:2)."

"아, 이 말씀이 여기서 나온 거군요. 저는 그냥 수면 예찬으로만 생각했는데……. 경성하는 사람에게는 정말로 잠이 하나님의 은혜로운 선물이겠습니다."

호당 선생은 고개를 끄덕였다.

> "그렇지. 잠은 하나님의 선물이고, 또 사람이 할 수 있는 믿음의 표현이지. 오덕아, 히브리인에게 하루의 시작이 언제인지 아느냐?"

"그야, 해가 뜨면……."

"……."

"자정이 지나면?"

"……."

"어르신, 그냥 가르쳐 주십시오!"

"너는 '저녁이 되며 아침이 되니 이는 첫째 날이니라'(창 1:5)는 말도 못 들어 봤느냐? 히브리인들의 하루는 해가 지면 시작된단다."

오덕은 고개를 갸웃거렸다.

"아니, 요즘처럼 조명 시설이 발달하지도 않은 고대에, 해가 지면 어떻게 하루를 시작합니까?"

호당 선생은 무릎을 쳤다.

> "바로 그거다! 지금 우리는 '자기가 무얼 하는 것'으로 하루를 시작하지? 하지만 히브리인들은 잠자리에 드는 것으로 하루를 시작했다. 그러니 잠은 경성을 멈추고 하나님의 손에 자기를 맡기겠다는 믿음의 표현인 것이지."

"올~! 어르신 대단하십니다."

"올? 그건 무슨 말이냐? 아무튼 이 점을 명심해 두면 잠 또한 예배요, 사역임을 능히 깨달을 수 있느니라."

"감사합니다, 어르신. 이제야 여자 친구 어머께 드릴 말씀이 생겼습니다."

"응?"

호당 선생은 어린아이마냥 기뻐하는 오덕을 보며 고개를 갸웃거리다가 손바닥을 앞으로 내밀었다.

"단! 잠의 양면성을 간과해서는 아니 되느니라."

"그건 또 무슨 말씀이십니까?"

오덕은 목덜미를 움츠렸다.

"이걸 어찌 설명하면 좋을까? 그래! 예수님의 잠과 요나의 잠을 비교해 보거라. 둘 다 광풍을 만난 배에서 잠들었는데, 예수님은 두려워하던 제자들에게 '너희가 어찌 믿음이 없느냐'(막 4:40)고 말씀하셨다. 예수님의 잠은 시편의 잠과 정확히 일치했다고 할 수 있지. 반면 요나는 어땠느냐? 니느웨로 가라는 하나님의 명령을 거부하고 다시스로 가는 배의 밑층에 숨어서 자고 있었다! 네 잠은 이 가운데 어느 쪽이었느냐?"

오덕의 목이 더욱 짧아졌다.

"어르신, 잠이 오지 않을 때는 어찌해야 합니까?"

"그런 때는 강박적으로 잠을 청할 것이 아니라 하나님께 왜 잠을 주지 않으시는지를 물어봐야지. '말씀하옵소서 주의 종이 듣겠나이다'(삼상 3:10)라고 말한 사무엘처럼 불면의 밤에 계시가 임할 수도 있느니라. 그런데 너는 무엇 때문에 일주일이나 밤을 새웠느냐?"

"실은 이번에 신작 게임 〈날아오르라, 금빛 날개여 IV〉가 출시되었습니다. 그걸 하느라…… 헤헤헤."

호당 선생은 이마에 손을 가져갔다.

"이게 다 게임 때문에 시작된 대화란 말이냐? 게임하느라 일주일이나 밤을 새우고?"

"헤헤…… 그냥 엔딩만 볼 거면 이삼 일 바짝 하면 충분하지만, 그래선 게임의 묘미를 제대로 맛볼 수가 없어서요. 어르신도 초콜릿을 눈, 코, 입으로 다양하게 즐기시지 않습니까? 저도 다양한 퀘스트를 경험해 보고 각기 다른 엔딩을 모두 보느라……."

"아이고…… 오덕아, 오덕아!"

"앗, 어르신! 배가 아파서 잠시……. 아까 먹은 초콜릿이 잘못된 모양입니다."

오덕은 배를 부여안고 어기적거리며 자리를 피했다.

"건강한 똥은 하나님이 맡기신 몸을
건강하게 돌본 사람만이 맺을 수 있는 열매지."

3
호당 선생, 똥을 말하다

"잘 해결했느냐?"

"예, 어르신. 덕분에…… 헤헤."

호당 선생은 뒤통수를 긁적이는 오덕을 바라보며 입술을 일그러뜨렸다.

"엄청난 소리가 들리더구나. 도대체 뭘 어떻게 먹어야 화장실에서 그런 소리를 낼 수 있는 게냐?"

"부끄럽습니다, 어르신. 아무래도 방금 먹은 초콜릿 때문이 아닌가 싶습니다."

오덕은 말을 뱉은 즉시 후회했다. 호당 선생의 두 눈이 활화산처럼 열기를 토했기 때문이다.

"그 무슨 망발이냐! 초콜릿에 듬뿍 든 설탕이 얼마나 강한 방부 능력을 가졌는지도 모른단 말이냐?"

"예? 소금이 아니라 설탕이요? 저는 금시초문입니다."

"어허, 이럴 수가……. 오덕아 잘 듣거라! 설탕은 본디 수분을 잘 흡수할 뿐만 아니라 한번 흡수한 수분을 놓지 않는 성질을 가지고 있느니라. 그래서 수분을 빼앗긴 미생물의 활동이 둔해져서 부패가 일어나지 않게 되지."

호당 선생은 허공을 바라보며 셰익스피어 비극의 주인공처럼 비장하게 말을 이었다.

"주여, 어찌하여 저희를 세상의 소금이라고 부르셨나이까! 맛은 설탕이 더 좋건만……."

자라처럼 목을 움츠리고 있던 오덕은 호당 선생의 눈치를 살피며 말했다.

"어르신 죄송합니다. 다시는 초콜릿 때문에 배탈이 났다는 소리를 하지 않겠습니다."

"아니다, 오덕아. 억지로 말을 참을 필요는 없다. 다만 단 것의 공능^{功能}을 바르게 깨닫고 말하는 태도만 갖추면 되느니라."

이글거리던 호당 선생의 눈은 어느새 인자한 노인의 그것으로 돌아왔다. 오덕은 이때다 하며 말을 돌렸다.

"어르신, 아까 화장실에 붙어 있는 기도문을 보았는데 참 인상적이었습니다. 제목이 '똥 누며 드리는 기도'였던가요?"

"돌아가신 채희동 목사님의 기도였지. 아까운 분이 너무 일찍 가셨어."

호당 선생은 한숨을 쉬며 눈을 감았다. 그리고 그의 입에서 기도가 흘러나왔다.

하나님,
오늘도 일용할 양식을 주신 당신께 감사를 드립니다.
밥상에 앉아 생명의 밥이신 주님을 내 안에 모시며
오늘 이 아침에 뒷간에 홀로 앉아
똥을 눌 때에도 기도하게 하옵소서.
내 입으로 들어가는 것이
내 뒷구멍으로 나오는 것이오니
오늘 내가 눈 똥을 보고
어제 내가 먹은 것을 반성하게 하옵시고
남의 것을 빼앗아 먹지는 않았는지
일용할 양식 이외에 불필요한 것을 먹지는 않았는지
이기와 탐욕에 물든 것을 먹은 것은 없는지
오늘 내가 눈 똥을 보고

어제 내가 먹은 것을 묵상하게 하옵소서.[1]

"대단하십니다. 그 기도문을 외우고 계셨습니까?"

오덕이 눈을 빛내자 호당 선생은 멋쩍게 웃었다.

"하루에 한 번은 꼭 화장실에 가야 하니, 매일 읽고 기도하면서 어느새 외워 버렸구나. 허허."

"저희 집에도 하나 붙여 둬야겠습니다. 저는 장이 안 좋아서 하루에 서너 번씩 화장실을 출입하니 더 빨리 외울 수 있겠군요."

"서너 번이나? 과연 비범하구나. 그 엄청난 소리는 역시 일조일석(朝一夕)에 만들어진 것이 아닌 게야."

그때 두 사람 사이로 비집고 들어온 목소리가 있었다.

"밥 먹은 지 얼마 지나지도 않았는데 왜 자꾸 똥 이야기를 해요? 비위 상하게……."

"허허…… 여보, 왜 더럽다고만 생각하시오? 부귀빈천(富貴貧賤)에 상관없이 누구나 해야 하고 하지 않으면 죽는 일이 먹고, 싸고, 자는 것 아니오. 내 누누이 말해 왔듯, 이 세 가지야 말로 일상생활의 근본 범주라서……."

"시끄러워요!"

호당 선생은 목소리를 낮췄다.

"아내가 시끄럽다고 하니 우리 조용히 이야기하자꾸나."

"……?"

오덕은 고개를 갸웃거리며 호당 선생을 바라보았다.

"사실 나는 오래전부터 먹고, 싸고, 자는 것의 영적 의미에 대해 생각해 왔단다. 이 셋을 통한 영성 훈련이야말로 인간을 창조의 질서에 합당한 존재로 일깨워 주리라고 믿었기 때문이지."

"먹고, 자고, 싸고…… 자고, 싸고, 먹고…… '잠똥밥'의 영성인가요?"

"재미있는 표현이로구나. 그래, 그렇게 불러도 되겠다."

"짬뽕밥이 먹고 싶어지는데요."

오덕의 입가에 침이 고였다.

"이 녀석……! 너는 아직 경험이 없겠지만 어린아이를 키우는 부모들은……."

"어르신, 왜 제가 경험이 없다고 생각하십니까? 저는 일찍이 〈프린세스 메이커〉[2] 1편부터 5편을 모두 마스터하고……."

호당 선생은 못 들은 척 이야기를 계속했다.

"어린아이를 키우는 부모들은 기저귀를 갈 때 아이의 똥 상태를 확인한단다."

"예? 아기 똥은 냄새가 안 나나요?"

"그럴 리가. 어떤 사람은 자기 새끼 똥은 냄새가 안 난다고 말하지만, 똥은 똥일 뿐이야. 냄새가 안 날 턱이 없지."

"그럼 왜?"

호당 선생은 오덕의 어깨를 두드리며 말했다.

"하하하, 너도 현실에서 부모가 되어 보면 공감할 수 있을 게다. 아무튼 똥을 보는 데는 이유가 있단다. 똥을 보고 아이의 건강 상태를 짐작할 수 있기 때문이지."

"아, 그래서 채희동 목사님이 이렇게 기도하신 건가요?"

하나님,

오늘 내가 눈 똥이

굵고

노랗고

길면

어제 내가 하나님 뜻대로 잘 살았구나

그렇구나

정말 그렇구나

오늘도 그렇게 살아야지

감사하며

뒷간 문을 열고 세상으로 나오게 하옵소서.[3]

호당 선생은 고개를 끄덕였다.

"맞다. 건강한 똥은 하나님이 맡기신 몸을 건강하게 돌본 사람만이 맺을 수 있는 열매지. 그뿐일까? 똥을 묵상하면 끝없이 소유하고 채우려는 것이 인간의 본래 성품이 아님도 깨달을 수 있단다."

"예? 그건 또 무슨 말씀이십니까?"

호당 선생은 물을 한 컵 따라서 오덕에게 주며 마시라고 손짓했다. 오덕은 영문도 모른 채 물을 마셨다. 호당 선생은 말없이 다시 물을 따라 주며 손짓했다.

"어르신!"

"몇 잔 더 마시면 화장실에 가고 싶겠지?"

"그거야 당연한 말씀 아닙니까!"

"옳지, 그거다! 채우면 비우는 것이 당연한 일이지. 하나님이 만드신 인간의 본성은 채움과 비움의 균형을 추구하는 것이란다."

호당 선생은 컵을 끌어당겨 목을 축였다.

"그런데 우리는 이 본성을 잊고 끌어당기고 채우는 데에 에너지를 집중할 때가 많지. 심지어 영성까지도 어떤 능력을 소유하는 걸로 생각할 때가 많고 말이야. 너는 어떠냐? 영적인 변비에 걸려 있진 않으냐?"

"아, 어르신…… 똥에 그런 의미가 있는 줄은 미처 생각하지 못했습니다."

오덕은 벌떡 일어나 허리를 숙였다. 호당 선생은 잠시 좌우를 살피더니 낮은 목소리로 말했다.

"그래도 너는 내 이야기의 진가를 깨달았구나. 몇십 년을 같이 산 아내는 아직도 나를 무시하는데 말이다."

"그게 무슨 말씀이십니까! 저는 어르신 덕에 눈에서 비늘이 떨어진 듯합니다."

"오덕아!"

과도한 찬사를 들은 호당 선생의 눈가에 이슬이 맺혔다.

"건강한 똥을 쑥 뽑아낼 때 해방감을 느끼듯이 이제 저도 채움과 비움이 균형을 이루어 해방감을 누리는 삶을 살아가고 싶습니다."

"응? 너는 해방감을 느끼느냐? 우리 아내는 매번 고통을 느낀다던데."

"여봇!"

날카로운 목소리가 날아오자 두 남자는 입을 다물었다. 잠시 후 오덕이 천천히 입을 열었다.

"어르신, 그러면 먹는 것의 영성은……?"

"쉿! 그건 다음에…… 짬뽕밥이라도 먹으며 이야기하자꾸나."

호당 선생은 한쪽 눈을 찡긋거렸다.

---

1 채희동, 「걸레질하시는 예수」(서울: 대한기독교서회, 2004), 164-165쪽.
2 프린세스 메이커(Princess Maker, プリンセスメーカー)는 일본의 컴퓨터 게임 및 애니메이션 제작 회사 가이낙스에서 제작, 발표한 육성 시뮬레이션 게임 시리즈다. 발매 당시에는 '딸을 키운다'라는 참신한 아이디어가 주목을 받아 기록적인 대히트를 달성하였다(출처: 위키백과).
3 채희동, 「걸레질하시는 예수」, 167쪽.

"홍수가 끝난 후, 주님께서 인간에게 육식을 허하셨지.
주님의 은혜를 묵상하다 보니 비 그칠 때마다
고기 생각이 나는 것을 어떡하겠느냐."

4
호당 선생, 밥을 말하다

'너무 빨리 출발했나?'

오덕은 시간을 확인하기 위해 고개를 들었다. 하지만 시계보다 달력이 먼저 눈에 들어왔다. 그 순간, 시간이 멈추었다! 오덕은 자신이 누구이며 이곳에 왜 왔는지를 모두 잊고 그저 달력 속 여인을 뚫어지게 바라보았다.

"심히 헐벗은 자매로구나."

"어, 어르신⋯⋯ 어, 언제 오셨습니까?"

"네 입에서 흐른 침이 강물되어 바다에 흐를 즈음에 도착했지."

호당 선생은 빙그레 웃으며 오덕을 놀렸다. 얼굴이 붉게 달아오른 오덕은 뒤통수를 긁으며 말을 돌렸다.

"짬뽕밥 먹자고 하시더니 어인 일로 고깃집에서 만나자고 하셨습니까?"

"하하, 어제 비가 오지 않았더냐. 비 온 뒤에는 늘 고기가 생각나는구나."

"네? 보통은 비 오는 날 얼큰한 짬뽕 국물을 찾지 않나요?"

오덕이 고개를 갸웃거리자 호당 선생은 손짓으로 반원형의 무지개를 그렸다.

"홍수가 끝난 후, 주님께서 인간에게 육식을 허하셨지. 주님의 은혜를 묵상하다 보니 비 그칠 때마다 고기 생각이 나는 것을 어떡하겠느냐."

"혹시 원래 고기를 좋아하신 것은 아니고요?"

"허허허…… 앉기나 하거라."

호당 선생은 손을 휘저으며 오덕을 자리에 앉혔다.

"점심시간이니 가볍게 목살이랑 껍데기 정도면 되겠지?"

"가볍다는 말의 의미가 좀 모호합니다만…… 저도 좋습니다."

어느새 의기투합한 두 사람은 종업원을 불러 돼지 목살과 껍데기를 주문했다. 잠시 후 고기가 나오자 호당 선생은 화력이 집중되는 위치를 중심으로 불판에 고기를 차곡차곡 배치했다. 흡사 성례^{聖禮}를 집전하는 종교인과도 같은 경건함이 느껴지는 움직임이었다. 오덕은 진심으로 감탄하며 말했다.

"어르신은 정말로 고기를 좋아하시는군요!"

"그래 보이느냐? 단 것에 비할 바는 아니다만 고기 또한 하나님이 주신 귀중한 선물이지. 그래서 바울 사도가 더 대단한 것이고. 세상에 어찌 고기를 끊을 수 있다고 말씀하셨을까?"

육즙이 배어 나오는 고기를 능숙하게 뒤집으며 호당 선생이 말했다. 오덕은 침을 꿀꺽 삼킨 후 입을 열었다.

"어르신은 먹는 것, 자는 것, 싸는 것…… 죄송합니다, 음식을 앞에 두고. 아무튼 이 세 가지의 영적 의미를 오래도록 궁리해 왔다 하지 않으셨습니까?"

"그랬지."

호당 선생은 가위를 들어 고기를 먹기 좋은 크기로 잘랐다.

"그런데 언뜻 생각하면 먹고 마시는 것은 영적인 삶과 거리가 먼 것 같아서요. 그래서인지……."

"내가 별로 경건해 보이지 않는다는 말을 하고 싶은 게지?"

"아, 아닙니다, 그런 뜻은……."

호당 선생은 잘 구워진 목살 한 점을 오덕의 앞접시에 올려주며 말했다.

"오덕아, 먹고 마시는 것은 하나님의 선물이란다. 고대의 전도자는 '사람이 먹고 마시고 즐거워하는 것보다 해 아래서 나은 것이 없음이라

하나님이 사람으로 해 아래서 살게 하신 날 동안
수고하는 중에 이것이 항상 함께 있을 것이니라'
(전 8:15)고 노래했단다."

오덕은 고기를 우물거리며 말했다.

"우와, 정말 맛있습니다. 어르신이 구워서 더 맛있는 것 같네요. 그러면 어르신, 감사하고 잘 먹으면 충분한가요?"

"그럴 리가 있겠느냐! 먹는 것뿐만 아니라 일상의 모든 대상을 생각할 때는 그 이중성을 반드시 염두에 두어야 한다. 창조의 신학과 구속의 신학을 균형 잡는 것이 매우 중요하지."

호당 선생은 손바닥 위에 상추와 깻잎을 펼쳐 놓고 쌈무, 고기, 마늘, 파절이를 차례대로 얹으며 말했다. 오덕은 주먹만 한 쌈이 호당 선생의 입으로 쏙 밀려 들어가는 광경을 바라보며 말했다.

"그러고 보니 예수님께서도 먹는 행동으로 당신을 기념하게 하셨네요. 먹는 것이 정말 중요한가 봅니다."

호당 선생은 콜라 한 잔을 비워 내며 말했다.

"크아…… 맞다! 주님께서는 매일 먹고 마시는 자리, 특별히 공동체가 함께 음식 나누는 자리를 예수 그리스도를 기억하고 기념하는 자리로 주셨지. 우리는 먹는 것을 통해 예수를 알고 경험할 수 있단다."

호당 선생은 숯불 화덕의 공기 구멍을 조절하며 나지막이 읊조렸다.

"인간의 몸으로 화육^{化肉}하신 거룩한 하나님, 오늘 우리가 이 화육^{火肉}을 먹으며 주님을 기억합니다. 주님의 살을 먹고 생명을 얻었으니 우리도 남에게 나를 주어 생명 나누게 하소서."

"어르신?"

"음…… 밥 먹어야지?"

호당 선생은 된장찌개를 주문해서 숯불 위에 뚝배기를 올려놓고 공깃밥을 찌개에 말았다. 뚝배기의 된장 국물이 졸아들며 누룽지 냄새가 나기 시작하자 호당 선생은 뚝배기를 숯불 밖으로 옮기며 말했다.

"된장밥이니라, 먹거라."

이미 콧구멍을 벌름거리며 기다리고 있던 오덕은 말 한마디 없이 숟가락을 바쁘게 놀렸다.

마침내 뚝배기가 바닥을 드러내자 호당 선생은 자리에서 벌떡 일어났다. 오덕이 놀란 눈으로 바라보자 호당 선생은 "후식!"이라고 짧게 말하며 어디론가 사라졌다. 잠시 후 호당 선생은 아이스크림을 양손에 들고 돌아왔다. 두 사람은 아이스크림을 나눠 먹으며 대화를 계속했다.

"어르신, 그런데 '탐식'이 칠대죄七大罪 중 하나라는 이야기를 읽은 적이 있습니다."

"제법이로구나. 일곱 가지 죄악을 다룬 책을 읽은 것이냐?"

오덕은 차마 만화 〈강철의 연금술사〉에서 보았다고는 말하지 못한 채 멋쩍은 웃음만 흘렸다.

"그래. 내가 '일상의 이중성'을 유념하라고 했지? 먹고 마시는 것은 주님을 경험하는 소중한 통로가 되는 한편, 재앙의 통로가 되기도 한단다. 하나님이 인정하신 의인인 노아도 포도주에 취해 실수했었고, 온유한 이삭은 아들이 만들어 준 음식을 먹고 축복해 주려 했다가 가정이 풍비박산 나질 않았더냐."

"탐식이 그렇게 무서운 죄란 말씀이십니까?"

오덕이 빵빵하게 부푼 배를 쓰다듬으며 질문하자 호당 선생은 웃으며 고개를 끄덕였다.

> "수도사 카시아누스에 의하면 탐식은 가장 악한 죄라기보단 가장 범하기 쉬운 죄라서 무서운 법이란다. 그는 '공동 식사 시간 전에 미리 와서 혼자 먹는 것, 음식을 음미하지 않고 그냥 순식간에 먹는 것, 그리고 특정 음식만을 골라 먹는 것을 금해야 한다'라고 구체적으로 가르쳤지."[1]

"어르신, 그렇다면 단 것을 집중적으로 골라 먹는 것 또한 죄란 말씀이신가요?"

호당 선생은 못 들은 척하며 오덕에게 말했다.

"저기 원두커피가 있던데 한 잔 가져다주겠니? 시럽 듬뿍 넣어서."

| 신원하, 「죽음에 이르는 7가지 죄」 (서울: IVP, 2012), 161쪽.

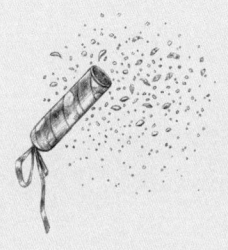

"하하하…… 얘들아, 본디 기쁨이란
고통과 밀접하게 연관되어 있는 법이란다."

5
호당 선생, 기쁨을 말하다

"오덕아!"

오덕은 몸을 꿈틀거렸다. 누군가 반지하 방 창문을 두드리며 그를 부르고 있었다. 감정이라고는 느낄 수 없는 냉랭한 목소리였다. 오덕은 그 냉랭함에 몸서리치며 길이 1미터 60센티미터의 대형 베개를 꽉 끌어안았다.

"응⋯⋯ 나도 사랑해."

"빨리 안 일어나면 비상사태인 것으로 간주하고 창문 깬다."

"이런, 스팍!"

오덕은 투덜거리며 눈을 떴다. 창문을 투과한 햇빛 사이로 떠다니는 먼지 때문에 눈과 목이 따끔거렸다. 오덕은 뻐근한 어깨를 두드리며 베개를 조심스럽게 밀쳤다. 베개에는 만화 캐릭터가 실제 사람 크기에 가깝게 인쇄되어 있었다.

"잘 잤어, 미나미?[1] 저놈 목소리 때문에 너무 일찍 일어났지?"

베개에게 다정히 말을 건넨 오덕은 지상으로 뚫린 창문을 열었다. 한 점의 감정도 느껴지지 않는 눈동자가 창밖에서 그를 응시하고 있었다.

"스팍, 꼭두새벽부터 무슨 일이야?"

"그간의 네 행동 패턴에 따라 추정했을 때, 어제도 밤새 게임을 하고 늦잠을 잘 가능성이 대단히 높지. 나는 네가 혹시 돌연사라도 하지 않았는지 확인해야겠다고 생각했어. 그리고 지금은 새벽이 아니라 오전 10시 37분이야."

"잘났다, 이 벌컨족[2]아!"

오덕은 툴툴거리며 반지하 방을 빠져나왔다. 늘 진지하고 이성적인 데다가 귀까지 보통 사람보다 뾰족하게 생겨서 '스팍[3]'이라고 불려 온 친구가 기다리고 있었다. 오덕은 창문 안으로 보이는 베개를 향해 손을 흔들었다.

"다녀올게, 미나미. 배고프면 굶지 말고 뭐라도 시켜 먹고 있어."

그 광경을 지켜보던 스팍이 무심하게 말했다.

"그건 어떤 종류의 농담이지? 혹시 면과 솜, 염료로 구성된 존재와 의사소통할 수 있는 방법을 찾은 건가?"

"내 작은 기쁨을 매도하지 마, 스팍!"

"기쁨? 그게? 기쁨이란 정말로 정의하기 어려운 개념이로군. 아, 도파민과 엔도르핀, 세로토닌 등의 호르몬이 과다 분비되었을 때 일시적으로 감정이 고양되는 상태를 말하는 건가?"

두 사람이 길바닥에서 시답지 않은 이야기를 이어가고 있을 때 누군가의 목소리가 들려왔다.

"얘들아."

"아, 어르신……."

오덕과 스팍은 동시에 허리를 숙였다. 호당 선생이었다. 호당 선생의 한 손에는 검정색 비닐봉지가, 다른 한 손에는 초콜릿이 코팅된 소프트 아이스크림이 들려 있었다.

"무슨 이야기를 그렇게 재미있게 하고 있었느냐?"

"재미라니요, 어르신! 이 감정 없는 녀석이랑 어떻게 재미있는 대화를 나눌 수 있겠습니까? 어르신, 어르신은 기쁨이 무엇이라 생각하십니까?"

오덕은 물에 빠진 사람이 지푸라기라도 잡듯 절박하게 호당 선생을 붙잡고 질문했다. 꼭 대답을 듣고 싶다는 마음보다는 스팍과 말을 섞는 것이 곤욕스러웠기 때문이었다. 호당 선생은 오덕의 의도를 알아차렸는지 미소 지으며 말했다.

"아내가 심부름을 시킨 게 있는데 두 사람 바쁘지 않으면 좀 걸으면서 이야기할까?"

오덕과 스팍은 검은 비닐봉지를 살짝 흔드는 호당 선생에게 고개를 끄덕였다. 그리고 그들은 함께 걷기 시작했다.

"기쁨이 무엇이냐는 질문에 딱 잘라 대답하기는 참 어렵지."

"그렇습니다, 어르신. 기쁨의 종류도 매우 다양한 데다 저 친구처럼 이상한 데서 기쁨을 추구하는 사람도 있어서 개념 규정이 쉽지 않습니다."

"으……."

"하하하…… 얘들아, 본디 기쁨이란 고통과 밀접하게 연관되어 있는 법이란다. 아무튼 기쁨을 정의하기가 어렵다면 기쁨을 잘못 이해한 극단을 살펴보는 것에서 시작할 수도 있단다. 쾌락주의와 금욕주의라는 두 극단에서 말이야. 쾌락주의는 굳이 설명하지 않아도 잘 알겠지? 음식이나 자원을 낭비하고 문란한 성생활을 즐기는 데서 기쁨을 얻으려는 사람들은 얼마 지나지 않아 기쁨을 얻는 대신 기쁨을 얻기 위한 행동에 중독된 자신을 발견하게 된단다."

스팍이 무미건조하게 말했다.

"마치 오덕이가 애니메이션을 다운로드하여 보고 지우기를 계속 반복하는 것처럼 말이지요?"

"스팍!"

"험험…… 물론 재미있는 일은 모두 어느 정도의 중독성이 있긴 하지. 하지만 중독된 사람은 기쁨의 맛을 기억하기가 쉽지 않단다. 그래서 어떤 사람들은 정반대의 길을 선택해 왔는데, 그것이 금욕주의란다. 아우구스티누스는 「그리스도교 교양」에서 단지 필요에 따라 취하는 행동과, 기쁨을 목적으로 취하는 행동을 구분했지. 그는 기쁨 자체를 추구하는 행동을 죄악시하면서 먹는 것이나 성관계, 그 밖의 다른 자연적 기쁨을 추구하는 것은 잘못되었다고 말했어.[4] 한데 얘들아, 이 두 극단의 공통점이 무언지 짐작이 가느냐?"

"……."

오덕과 스팍은 호당 선생의 얼굴만 바라보았다.

"바로 구체적인 일상생활을 무시하는 태도라는 공통점이 있단다. 현재의 일상을 가볍게 여기기 때문에 그 모든 것을 팽개치고 금욕주의를 선택하는 사람이 있는가 하면, 현재를 가볍게 여겨서 쾌락을 추구하는 길을 선택하는 사람도 있지. 두 길의 끝에는 진정한 기쁨이 없음에도 불구하고!"

"그러면 어떻게 해야 진정한 기쁨을 누릴 수 있습니까?"

오덕은 이글거리는 눈빛으로 호당 선생을 보았다.

"전도자는 쾌락주의의 폐단을 지적하면서도 삶을 즐기라고 했지.[5] 왜냐하면 그 삶을 선물로 주신 분이 바로 하나님이시니까. 기쁨은 거룩할 수도, 세속적이고 불경할 수도 있단다. 만약 기쁨을 추구하는 행동이 모든 기쁨의 창조자이신 하나님에게서 돌아선 것이라면 그것은 죄악 된 행동이겠지. 하나 반대로 일상생활 속의 다양한 기쁨을 부정하고 금욕을 능사로 추켜세우는 것은 하나님이 창조하신 기쁨을 폄하하는 결과를 낳지."

"어르신 말씀은 지당하십니다만, 여전히 '어떻게'의 문제는 남아 있는 듯합니다. 극단에 치우치지 않고 진정한 기쁨을 누리기 위해서는 어떻게 해야 합니까?"

스팍이 또박또박 물어 오자 호당 선생의 얼굴이 딱딱하게 굳었다.

"뭐, 짧은 말로 정리하기엔 정말 힘들겠지만 이 두 가지를 유념하는 데서 출발하면 좋지 않을까 생각한단다. 첫째는 기쁨의 근원이 하나님의 창조와 새 창조라는 사실을 인식하는 것이지. 하나님이 기쁨의 창조자이시며 우리가 잃은 기쁨을 구속^{救贖}하실 분임을 믿는 데서부터 참된 기쁨이 시작될 테니 말이다. 그리고 둘째는 조금 더 삶에 밀착된 것인데, 하나님이 지으신 기쁨이 얼마나 폭넓은 것인지 재발견하려는 노력을 해야지. 경건해 보이는 행동뿐만 아니라 먹고 마시는 것, 땀 흘리며 운동하는 것, 부부가 잠자리를 갖는 것 등 다양한 영역에서 하나님이 주시는 기쁨을 발견하려는 노력을 말이야."

"그런 면에선 오덕이도 열심히 노력하는 것 같습니다, 어르신."

"오 그래?"

오덕은 스팍이 무슨 말을 할지 안절부절못했다.

"오덕이는 거의 실제 사람만 한 크기의 만화 여주인공이 그려진 베개를 끌어안고 자며 집에서 나올 때는 그것이 살아 있기라도 한 것처럼 인사를 나누더라고요. 제가 이상히 여기니 그것이 자기의 기쁨이라고 했습니다."

"야, 스팍!"

오덕은 소리를 버럭 질렀다. 한편 호당 선생은 오덕의 표정을 보며 이제 기쁨[喜] 말고 분노[怒]를 이야기해야 하는 게 아닌가 생각했다.

---

[1] 아사쿠라 미나미는 아다치 미츠루의 만화 〈터치〉(1981-1987)의 여주인공으로 단아하고 청순한 미녀다.

[2] 벌컨족(Vulcan)이란 1964년에 첫 방송된 이후 11편의 시리즈 영화로 제작된 미국 드라마 〈스타트렉〉(Star Trek)에 등장한 외계 종족이다. 감정이 없고 매사에 이성적이며, 귀가 뾰족하게 생긴 것이 특징이다.

[3] 스팍(Spock)은 〈스타트렉〉의 인기 캐릭터로 벌컨족과 인간의 혼혈이지만 대체로 벌컨족의 특징을 가지고 있다.

[4] R. Paul Stevens & Robert J. Banks ed., *The Complete Book of Everyday Christianity* (IVP, 1997), 761쪽에서 재인용.

[5] 전도서 2:24-26; 3:12-13, 22; 5:18-19; 8:15; 11:8-9 참조.

"불의한 시대를 살아가면서도 분노할 줄 모르는 사람은
하나님의 형상을 상실한 존재가 아닐까?"

6
호당 선생, 분노를 말하다

"날 모욕하는 건 참을 수 있다. 하지만 더 이상 미나미는 건드리지 마!"

스팍의 눈빛이 잠시 흔들렸다. 오덕은 그 말을 끝으로 입을 꾹 다문 채 거친 콧김을 뿜어댔다. 그러자 호당 선생이 오덕의 어깨에 손을 얹으며 말했다.

"오덕아, 심호흡을 하거라. 옳지! 그렇게 천천히……."

오덕은 호당 선생이 이끄는 대로 들이쉬고 내쉬기를 천천히 반복했다. 신기하게도 심호흡 몇 번 만에 화를 적잖이 누그러뜨릴 수 있었다.

"계속 걸을까?"

호당 선생이 어깨를 으쓱하며 묻자 오덕과 스팍은 말없이

걸음을 옮기기 시작했다. 호당 선생은 미소 띤 얼굴로 말했다.

"히브리인들이 분노를 표현할 때 주로 쓴 말은 본래 코 또는 콧구멍이란 의미였다고 하더구나. 화난 사람들은 보통 콧김을 뿜거나 콧구멍을 벌름거리니, 참 절묘한 표현이야."

호당 선생은 스팍을 바라보며 잠시 머뭇거렸다.

"스팍아…… 아니, 네 이름이 뭐였지? 별명 말고 본명 말이다."

"수복입니다. 장수복."

스팍은 특유의 무심한 표정으로 대답했다.

"미안하구나. 나이가 드니 기억력이 영 예전 같지 않아서."

"괜찮습니다, 어르신. 노화는 자연스러운 현상이므로 굳이 사과하실 필요는 없습니다."

순간 호당 선생은 필사적으로 심호흡을 하기 시작했다.

"인마 스팍, 어르신께 무슨 버릇없는 말이야!"

"버릇이 없었다고? 그럼 내가 어르신의 사과를 받아들이는 게 버릇 있는 행동이었단 말인가?"

"그게 아니잖아!"

"그만하거라. 후……."

"어르신, 콧구멍이 좀 떨리는 것 같습니다."

"스팍!"

"그만하래도. 후……."

그렇게 옥신각신하는 사이에 호당 선생의 집에 도착했다.

"들어가서 다과라도 같이 할까?"

"좋습니다, 어르신."

오덕의 얼굴이 밝아졌다. 해가 중천에 이르도록 늦잠을 자느라 아직 빈속이었기 때문이다. 호당 선생은 주방으로 들어가 'DARJEELING'이라고 쓰인 양철통을 집어 들었다. 잠시 후 홍차 향이 집 안에 가득 퍼졌다. 호당 선생은 홍차와 함께 내온 스콘¹에 산딸기 잼을 듬뿍 발랐다.

"잼을 너무 많이 바른 것 같습니다, 어르신. 조금 전에도 초콜릿 아이스크림을 드시지 않으셨습니까? 어르신 연세에는 당뇨를 조심하셔야……."

"어르신, 제가 왜 화를 냈는지 이해되시죠?"

"하하하, 괜찮다. 이런 문제라면 아내에게 충분히 단련이 됐으니까. 그리고 단 것을 먹으면 마음이 푸근해져서 화도 잘 나지 않는 법이란다. 이러니 내 어찌 단 것을 사랑하지 않을 수 있겠느냐? 자자, 보고만 있지 말고 어서 들거라."

호당 선생은 스콘을 한 입 베어 물고는 두 눈을 감았다.

잠시 후 쟁반 위의 스콘이 모두 사라졌을 즈음, 오덕은 한결 여유로운 얼굴로 입을 열었다.

"어르신, 분노는 나쁜 것입니까?"

"왜 그런 생각을 했느냐?"

호당 선생은 오덕을 향해 상체를 숙이며 반문했다. 오덕은 우물쭈물하더니 간신히 몇 마디를 말했다.

"'노하기를 더디 하라'(잠 16:32)는 성경 구절도 그렇고…… 아무래도 성경은 분노하는 걸 나쁘게 생각하는 것 같아서요."

"혹시 그 부분 말고는 분노에 대한 성경 구절을 모르는 거 아냐?"

"스팍, 좀 조용히 해봐!"

오덕은 인상을 팍 썼다. 호당 선생은 찻잔에 조금 남은 홍차를 입에 넣고 살살 굴리다가 꿀꺽 삼켰다.

"물론 분노는 부정적인 감정이지. 자제력을 빼앗거나 올바른 판단 내리는 것을 방해할 때도 많고. 하지만 그것은 사랑 또한 마찬가지 아니겠느냐! 부정적인 감정일망정, 분노 또한 하나님이 만들고 주신 감정이란 데는 틀림이 없단다. 음…… 그러니까 하나님을 닮은 인간의 자연스러운 감정 가운데 하나가 곧 분노인 게지. 실제로 성경에도 하나님의 분노에 대한 이야기가 있고."

"하나님도 분노하신다고요?"

"왜, 못 믿겠느냐? 확인시켜 주랴?"

호당 선생은 낡은 성경책을 가져와 시편 7편을 펼쳐 보였다.

그리고 "하나님은 義로우신 裁判長이심이여 每日 慎怒하시는 하나님이시로다"는 내용이 쓰인 부분을 손가락으로 짚었다.

"어르신…… 아시다시피 제가 한자에 좀 약해서……."

"아, 그랬지. 그럼 수복이 네가 읽어 보겠느냐?"

스팍은 이미 바닥을 드러낸 찻잔을 입가로 가져갔다. 호당 선생은 씩 웃으며 성경을 읽었다.

"별로 어려운 글자도 없는데 괜히 겸양을 떠는구나. '하나님은 의로우신 재판장이심이여 매일 분노하시는 하나님이시로다'(시 7:11). 성경은 하나님이 매일 분노하시는 분이라고 하는구나."

"매일이요?"

"그래, 그렇게 되어 있구나. 한데 앞의 내용도 함께 보지 않겠느냐? 하나님이 매일 분노하시는 까닭은 당신이 의로운 재판장이시기 때문이란다. 하나님은 불의한 세계를 바라보며 매일 분노하시는 분이지."

호당 선생은 잠시 말을 멈췄다가 계속했다.

> "그러니 이렇게도 생각해 볼 수 있겠구나. 불의한 시대를 살아가면서도 분노할 줄 모르는 사람은 하나님의 형상을 상실한 존재가 아닐까?"

오덕은 고개를 끄덕였지만 스팍이 무뚝뚝하게 물었다.

"이른바 '의로운 분노'에 대한 말씀인 듯합니다만 그래도 어르신, 많은 사람이 저마다 자신의 사적 분노를 그런 식으로 포장하지 않습니까? 그런 면에서 어르신의 말씀은 매우 모호한 이야기가 아닐까요?"

"그래. 하나님은 전지全知하시지만 우린 그렇지 못하니……. 그래도 나는 분노를 억누르는 데 급급한 태도를 반대한단다. 우선 충분히 심사숙고한 다음에…… 아, 심호흡도 충분히 한 후에도 여전히 분노해야 할 상황이라면, 그때는 활화산같이 분노해야지!"

"그렇다면 '해가 지도록 분을 품지 말라'(엡 4:26)는 성경 구절은 어찌 받아들여야 합니까?"

스팍의 연이은 질문에 호당 선생은 콧등을 긁었다.

"일차적으로는 분노를 너무 오래 품고 있지 말라는 뜻이겠지. 내 경험으로도 시간을 끌면 분노의 이유는 사라지고 분노라는 감정 자체만 남는 일이 많았다. 그러면서 분노했던 대상을 닮아갈 때도 있었고. 아, 그리고 나는 그 구절을 묵상하며 약간 다른 방식으로도 해석했는데…… 오덕아, 내 일전에 히브리인의 하루는 해질 때 시작된다고 말한 것을 기억하느냐?"

멍한 표정으로 두 사람의 문답을 듣고 있던 오덕은 흠칫 놀라며 고개를 끄덕였다.

> "난 말이다, 에베소서의 그 구절을 '새로운 하루를 분노로 시작하지 말라'는 뜻으로 해석한단다. 최소한 하루를 시작할 때만이라도 기뻐하길 바라시는 게 우리 아버지의 뜻이 아닐까?"

호당 선생은 스팍을 향해 윙크를 날렸다. 스팍은 잠시 움찔거렸지만 호당 선생은 아랑곳하지 않고 다시 한 번 윙크했다.

"그리고 가능하다면 꼭 분노를 애통으로 옮기라고 권하고 싶구나. 본디 분노란 누군가에게 부당한 대우를 받을 때 생기는 게 아니더냐. 자신이 부당한 대우를 받은 일뿐만 아니라 타인의 일로 인해 분노하고 그를 위해 애통할 수 있도록 기도하자꾸나."

| 스콘(scone)은 스코틀랜드에서 기원한 영국식 소형 빵이다.

"눈물의 예언자 예레미야는 물론이요,
욥과 다윗도 슬픔의 노래를 불렀지.
그뿐일까! 심지어 예수님께서도 여러 번 슬퍼하시고
눈물 흘리셨단다."

7
호당 선생, 슬픔을 말하다

"미아리 눈물 고개, 임이 떠난 이별 고개······."

구슬피 노래하던 호당 선생은 손끝으로 눈물을 찍어 냈다. '아빠를 그리다가 어린 것은 잠이 들고'라는 부분에서였다. 호당 선생은 노래를 마친 후에도 지그시 눈을 감고 여운을 음미했다. 한편 오덕과 스팍은 멍한 표정으로 호당 선생을 바라보고 있었다. 잠시 후 눈을 뜬 호당 선생은 멋쩍게 웃으며 말했다.

"이런, 내가 주책을 부렸구나. 미안하다."

"아닙니다, 어르신. 참 듣기 좋았습니다."

오덕이 얼른 호당 선생의 말을 받자 스팍이 한마디 거들었다.

"그렇습니다. 게다가 이번 기회에 유정란과 무정란이 영양학적으로는 별 차이가 없다는 점도 잘 배웠습니다."

"야, 스팍!"

오덕이 눈을 흘겼지만 이미 늦었다. 호당 선생의 얼굴이 다시 시무룩해졌다. 아내가 계란을 사 오라 해서 조금이라도 몸에 좋은 걸 먹자고 '방사 유정란'을 사 왔는데, 괜히 비싸기만 한 것을 사 왔다고 한바탕 혼이 났기 때문이다.

"아무리 그래도 좁은 공간에서 제대로 움직이지도 못하는 닭이 낳은 계란과 풀어놓고 키운 닭이 낳은 계란은 다르지……."

호당 선생은 들릴락 말락 한 목소리로 중얼거렸다. 오덕은 어서 화제를 바꿔야겠다는 생각에 입을 열었다.

"그런데 어르신, 방금 전에 부르신 노래 제목이 뭐였나요?"

"그 노래? 하기야 너희는 잘 모르겠구나. '단장의 미아리 고개'란다."

"'단장'이면 '꽃단장'에 그 '단장'인가요?"

호당 선생은 피식 웃었다.

"그럴 리 있겠느냐. 단장斷腸은 창자가 끊긴다는 말이지. 몹시 울다 보면 속이 아플 때가 있지? 그런 고통을 단장의 고통이라고 한단다."

"아하, 단장의 미아리 고개는 지독한 슬픔의 고개라는 말이군요. 어르신, 사람들은 왜 이렇게 슬픈 노래를 만들고 불렀을까요?"

"글쎄다. 내 의술은 잘 모르지만, '기가 막힌다'는 말은 너희도 익히 들어 알 게다. 몹시 슬플 때면 가슴에 뭔가 콱 막힌 듯한 느낌이 들 때가 있지? 왜 그 예레미야 선지자도 '슬프고 아프다'(렘 4:19)라고 했고. 그럴 때 소리를 고래고래 지르거나 눈물을 한바탕 쏟고 나면 한결 시원해지는데, 노래도 비슷한 역할을 하지 않겠느냐? 사실 가슴에 맺힌 슬픔을 풀어내는 데는 노래만 한 것이 없지."

"아, 그래서 어르신이……."

오덕은 더 이상 말을 이을 수 없었다. 하지만 스팍은 달랐다.

"어르신, 솔직히 이해가 잘 안 되어 질문드리는 것입니다만, 아까 그 일이 그 정도로 슬퍼하실 만한 일이었습니까?"

"스팍아…… 솔직한 것은 너의 가장 큰 장점이요, 단점이지. 그래, 이해가 안 되는 게 당연한지도 모르겠다. 하지만 나이를 먹으면 사소한 일에도 쉽게 서운해지는 법이란다. 허허……. 하지만 나는 이렇게도 생각한단다. 우리는 사소한 슬픔에도 조금 관대해질 필요가 있다고 말이다. 사람들은 대체로 거대한 슬픔에는 관대하지만 사사롭고 소소한 슬픔에는 그렇지 못할 때가 많더구나. '시일야방성대곡'是日也放聲大哭 정도는 되어야 마음껏 슬퍼할 수 있다고 생각하는 게 아닌가 싶을 정도지."

"맞습니다, 어르신. 스팍 저 친구는 감정이 무뎌서 유독 심하기도 하고요. 도통 제 슬픔을 이해하지 못하더라고요. 그나마 불행 중 다행이라면, '성경에는 항상 기뻐하라고 되어 있는데 왜 자네는 슬퍼하는가?'라는 식으로 몰아붙이지 않는다는 것입니다. 성경을 들이대며 슬퍼하지 못하게 하는 사람들도 가끔 있더라고요."

"으음…… 슬픔 또한 하나님이 허락하신 소중한 감정이라는 것을 생각하지 못하면 그럴 수 있지. 하지만 그런 사람들도 마음껏 슬퍼할 수 있는 때가 있단다."

"그게 언제입니까?"

"고난주간에 예수님의 수난 장면을 모아 둔 영상을 종종 보지 않느냐. 그런 영상을 볼 때는 슬퍼하지 말라던 사람들도 떳떳하게 슬퍼할 수 있지."

스팍이 고개를 갸웃거렸다.

"어르신은 그런 때에 슬퍼하지 않으신다는 말씀이십니까?"

"물론 그건 아니지. 다만 나는 일상의 사소한 슬픔을 억누르려 하는 경향이 못마땅한 것뿐이란다. 예수님의 수난과 죽음, 그리고 부활은 언제나 깊은 슬픔과 감동을 안겨 주지. 하지만 특정한 시기에 고통스러운 장면만을 모아 둔 영상을 보며 눈물 흘리는 것보다는 매일매일 평범한 일상 속에서 사소한 슬픔을 통해 영적 여정을 걸어가는 것이 더욱 중요하지 않을까 생각해 보았단다."

"슬픔을 통해서 영적 여정을 걸어간다는 말씀이 참 흥미롭군요. 조금 더 자세히 말씀해 주시겠습니까?"

호당 선생은 깍지 낀 손을 머리에 얹으며 말했다.

"'항상 기뻐하라'를 아는 사람들은 성경이 얼마나 많은 슬픔의 노래를 담고 있는지 모르는 경우가 많더구나. 눈물의 예언자 예레미야는 물론이요, 욥과 다윗도 슬픔의 노래를 불렀지. 그뿐일까! 심지어 예수님께서도 여러 번 슬퍼하시고 눈물 흘리셨단다."

"말씀 중에 죄송합니다만, 성경의 슬픔과 우리의 사사로운 슬픔을 직접 연결시키는 것은 조금 무리가 아닐까요?"

호당 선생은 물끄러미 스팍을 바라보았다. 스팍은 시선을 피하지 않고 무심한 표정으로 호당 선생과 눈을 마주쳤다.

"물론 스팍 네 말이 완전히 틀린 것은 아니다. 성경의 인물들은 거대한 일로 슬퍼했지. 유다의 멸망으로 인해 슬퍼했던 예레미야가 그랬고, 예루살렘 때문에 두 번이나 우셨던 예수님이 그랬다. 그러나 욥과 다윗은 어땠느냐? 그들은 자기 인생이 몹시 기구해서 슬퍼하지 않았느냐? 그리고 예수님은 나사로의 죽음으로 인해서도 우셨지. 거대한 이유의 슬픔뿐만 아니라 삶이 매우 힘들어서 슬퍼하는 것, 사랑하는 사람을 잃어서 슬퍼하는 것 또한 성경이 말하는 슬픔이란다."

"……."

호당 선생의 목소리에 조금 더 힘이 들어갔다.

"전도서에는 '슬픔이 웃음보다 나음은 얼굴에 근심함으로 마음이 좋게 됨이니라'(전 7:3)는 말씀이 있지. 깊은 슬픔과 근심을 경험한 사람은 마음 또한 깊어지느니……."

"그렇다고 마음의 깊이를 더하기 위해 일부러 슬픔을 자초할 필요는 없지 않겠습니까?"

"스팍, 세상에 그런 사람이 어디 있다고 그래? 피할 수만 있다면 어떻게든 피하고 싶은 게 슬픔이야. 넌 잘 모르겠지만!"

"하나님은 당신의 자녀들이 슬퍼하기를 원하실까요?"

"너……."

호당 선생은 손짓으로 오덕을 제지했다.

"아이가 슬퍼하기를 원하는 부모는 없지. 그러나 지혜로운 부모라면 아이가 슬퍼할 때 마음껏 슬퍼할 수 있도록 놓아둔단다. 억눌러 둔 슬픔은 언젠가 더 큰 문제로 돌아오기 마련이지만, 충분히 슬퍼해 본 경험이 있으면 다른 사람의 슬픔에도 쉽게 공감할 수 있으니까."

"어르신의 말씀을 들으니 스팍이 다른 사람의 감정에 공감하지 못하는 이유가 분명해지는군요."

"……."

호당 선생은 눈을 지그시 감았다.

"음…… 그런 의도로 한 말은 아니었다만……. 나는 너희가 충분히 슬퍼할 수 있으면 좋겠구나. 슬픔을 어떻게든 제거해야 할 감정으로만 생각해서 꾹꾹 눌러두거나 억지 기쁨을 찾는 것은 참 인간이 되는 것을 방해한단다."

"아주 밋밋한 인간이 되어 버리겠군요."

오덕은 스팍을 흘깃거리며 말했다. 그 광경을 보지 못한 호당 선생은 고개를 끄덕였다.

"삶 전체가 밋밋해지니 하나님과의 관계 또한 밋밋해질 수밖에 없지. 겉으로는 멀쩡한 듯하나 진정한 사귐은 찾아보기 힘든 그런 관계가 되고 말지."

"저를 노골적으로 비난하시는군요."

스팍의 냉랭한 목소리에 호당 선생은 흠칫 놀라며 눈을 떴다.

"아니, 그런 의도는 아니었다."

"괜찮습니다. 저도 제가 밋밋한 사람인 줄 알고 있습니다. 아, 생각해 보니 저도 가끔 감정적으로 동요할 때가 있긴 합니다."

호당 선생과 오덕의 눈이 휘둥그레졌다.

"인생의 굽이마다 두려움이 찾아올 터인데,
억지로 몰아내려 하지는 말거라."

8
호당 선생, 두려움을 말하다

"그래? 너도 감정적으로 동요할 때가 있다고?"

"예, 아주 드물긴 합니다만…… 저는 가끔 두려움을 느낄 때가 있습니다."

호당 선생과 오덕은 몹시 놀랐다. 어떤 경우에도 감정의 동요가 없는 줄로만 알았던 스팍이 두려워할 때가 있다니, 놀라지 않을 수 없었다.

"지나치게 비이성적인 사람이나 상황이 저를 두렵게 합니다."

스팍은 오덕을 흘낏 쳐다본 후 건조한 말투로 계속 이야기했다.

"물론 이 친구도 비이성적인 행동을 할 때가 많습니다. 하지만 제가 두려움을 느끼게 할 정도는 아닙니다. 특이한 것에 대한 과도한 집착과 병적인 수준의 게으름이라는 두 가지 요소로 어느 정도 분석이 가능하니까요."

"……."

오덕의 이마에 핏줄이 불거졌다. 호당 선생은 오덕의 어깨를 토닥였다.

"전혀 몰랐구나, 스팍아."

"모르시는 게 당연합니다. 두려움을 느끼긴 했지만 표현한 적은 없으니까요."

호당 선생은 부드럽게 미소 지으며 말했다.

> "스팍아, 생기지 않은 감정을 억지로 표현하는 것도 문제지만, 실재하는 감정을 너무 덮어두는 것도 좋지 않단다. 특히 두려움은 기쁨, 분노, 슬픔과 더불어 가장 기본적인 감정이니까."

"어르신, 저는 그동안 인간의 가장 기본적인 감정을 희로애락喜怒哀樂, 즉 기쁨, 분노, 슬픔, 즐거움으로 알고 있었습니다. 그런데 어르신의 목록은 조금 다른 것 같습니다."

호당 선생은 고개를 끄덕였다.

"본디 희로애락이란 말은 불가佛家와 유가儒家에서 인간의 감정을 일곱 가지로 정리한 후 처음 네 가지만 부른 데서 나온 말이야. 그런데 불가와 유가가 정리한 감정의 종류가 약간 다를 뿐만 아니라 유가 안에서도 「중용」^{中庸}과 「예기」^{禮記}의 기록이 다르지. 「중용」에는 희로애락이라 기록된 반면 「예기」에는 '즐거움' 대신 '두려움'이 들어가 희로애구^{喜怒哀懼}라고 기록되어 있단다."

호당 선생이 고개를 들어 보니 오덕이 꾸벅꾸벅 졸고 있었다. 호당 선생은 손바닥으로 오덕의 등을 한 번 때리며 말했다.

"일생생활 속에서 기쁨[喜]과 즐거움[樂]을 구분하는 것은 우리 같은 보통 사람에게는 쉽지 않은 일이지. 이뿐만 아니라 퇴계 이황 선생도 칠정^{七情}에는 두려움이 포함되어야 한다고 말씀하셨고. 그래, 그래, 알겠다. 어려운 이야기는 그만하마."

오덕은 잠이 덜 깬 눈으로 호당 선생을 바라보며 말했다.

"어르신, 동양 전통에서 두려움이 인간의 근본 감정이라는 것은 잘 알겠습니다. 그런데 성경은 두려움에 대해 뭐라고 말하고 있습니까? 제가 기억하기로 하나님은 아브람과 여호수아에게 '두려워하지 말라'고 말씀하셨던 것 같습니다만……."

"'여호와를 경외하는 것이 지식의 근본이어늘'(잠 1:7)이라는 잠언 말씀은 모르나?"

스팍이 끼어들자 오덕은 어리둥절한 표정을 지었다.

"응? 알지. 그런데 왜?"

"왜라니? 어르신! 이런 식의 반응은 '경외'의 뜻을 모를 때만 나올 수 있는 것입니다."

"경외가 두려워한다는 뜻이었어?"

오덕은 거북이마냥 목을 움츠리며 물었다. 스팍은 대답하는 대신 냉랭한 표정으로 그를 보기만 했다. 그런 오덕이 안쓰러웠는지 호당 선생은 조심스럽게 말했다.

"너희가 떠올린 구절들은 성경이 두려움의 양면성을 모두 말하고 있음을 알려 준단다. 특별히 성경은 하나님을 두려워하는 것을 가장 중요하게 생각하고……."

"하나님만 두려워하고 나머지는 두려워하지 말라는 뜻인가요?"

오덕이 고개를 갸웃거리며 묻자 호당 선생이 대답했다.

"크게 보면 그렇지. 하나님이 주시는 평안함은 두려움을 밀어내는데, 그 평안함은 하나님을 경외하는 데서부터 비롯되니 말이다."

"하지만 어르신……."

오덕은 말을 잠시 멈추고 숨을 들이마셨다. 볼을 팽팽하게 부풀렸던 오덕은 잠시 후 다시 입을 열었다.

"저는 하나님을 두려워한다는 말이 좀 불편합니다. 뭐랄까, 좀 권위적으로 느껴진달까요? 실제로 예수님은 하나님을 '아빠'라고 부르지 않으셨습니까?"

"'아바'(abba)라는 말을 어린아이가 아빠를 부를 때 쓰는 말로 아는 사람이 참 많지? 오덕아, 사실 '아바'는 그냥 '아버지'라는 뜻이란다. 예수님이 하나님을 아버지라고 부르셨다고 해서 그분이 요즘 볼 수 있는 평범한 아이들처럼 아버지의 권위를 무시하고 친밀하게만 다가갔다고 생각할 수는 없지. 음…… 표정을 보니 처음 듣는 이야기인가 보구나. 지금 이 이야기를 계속하기는 그렇고, 어디 보자…… 차정식 선생이 쓰신 '"아바"(abba)는 "아빠"(daddy)가 아니다!'라는 글을 보여 줄 테니 나중에 읽어 보거라."

오덕은 마지못해 고개를 끄덕였다. 호당 선생은 오덕의 표정을 짐짓 못 본 체하며 말했다.

> "대부분 두려움은 비인격적이며 억압적이지. 압도적인 공포 속에서 자기 자신을 잃어버리는 경험을 할 때도 많고. 하지만 하나님을 두려워하는 것은 다르단다. 이걸 어떻게 설명하면 좋을까?"

호당 선생은 수염을 쓰다듬으며 잠시 뜸을 들였다.

"그래! 자연에 압도되었을 때를 생각해 보면 좋겠구나. 자연의 거대함과 아름다움을 느낀 사람은 자신이 자연에 비하면 아주 작은 존재임을 깨닫는단다. 태풍이나 해일처럼 파괴적 힘을 가진 자연 현상 앞에서 인간은 아무것도 아닌 존재가 되어 버리고 말지. 반면 웅장한 산맥이나 이름 모를 들꽃의 아름다움에 도취되었을 때는 어떠냐? 인간을 압도하고 사로잡은 아름다움이 더욱 인간다운 삶을 살게 만들지? 선하신 하나님을 두려워한다는 것이 그와 같단다."

"그러니까, 어르신의 말씀은 '하나님만 두려워하라'는 뜻인가요?"

스팍이 딱 잘라 묻자 호당 선생은 약간 당황한 표정을 지었다.

"아주 틀린 말은 아니다만……. 스팍아, 그리고 오덕아, 너희가 자연의 아름다움에 마지막으로 감탄한 때가 언제인지를 생각해 보거라."

"……."

두 사람은 꿀 먹은 벙어리가 되었다.

"그렇지? 우리는 요즘 자연에서 너무 멀어져 아름다운 광경을 볼 기회를 잃었을 뿐만 아니라 자연을 보고도 아름다움을 느끼지 못할 때가 많다. 아름다움을 느낄 수 있는 감수성마저 함께 잃은 게지. 애들아, 두려움도 마찬가지란다. 하나님에게

서 멀어진 사람, 그리고 하나님을 두려워하는 감수성을 잃은 사람들은 하나님께서 주시는 참 평안도 함께 잃어버렸단다."

"어르신, 그러면 어쩌란 말씀이십니까?"

오덕이 볼멘소리를 하자 호당 선생은 인자한 눈빛으로 오덕과 스팍을 바라보았다.

> "인생의 굽이마다 두려움이 찾아올 터인데, 억지로 몰아내려 하지는 말거라. 대신 그 상황 속에서 말을 걸어오시는 하나님의 임재에 민감하게 해달라고 기도하려무나. 혹시 아느냐, 그 두려움이 너희를 하나님 앞에 서게 할는지……."

호당 선생은 왼쪽 눈을 찡긋거렸다.

| 차정식, "'아바'(abba)는 '아빠'(daddy)가 아니다!", 〈뉴스앤조이〉 2012.10.10.

"낙원의 남자는 결코 무위도식無爲徒食하지 않았단다.
그에게는 '이름 짓기'라는 중요한 일이 있었어."

9
호당 선생, 일을 말하다

　여자의 눈꼬리가 파르르 떨렸다. 고개를 갸웃거리며 이따금 깊은 한숨을 내쉬던 여자는 결국 손을 뻗을 수밖에 없었다. 여자의 시선과 손이 향한 곳에는 탐스럽게 농익은 열매가 가지 끝에 위태롭게 매달려 있었다. 여자는 무엇에 홀리기라도 한 듯 몽롱한 눈빛을 띤 채 열매를 입으로 가져갔다. 향기롭고 달콤한 액체가 이 사이로 흘렀다. 여자는 눈을 꼭 감고 천천히 이를 움직이며 열매의 맛을 음미했다.

　잠시 후 여자는 열매를 하나 더 따서 남자에게 가져갔다. 남자는 잠자코 여자의 말을 들었다. 과즙의 달콤함과 과육의 부드러운 식감에 대한 여자의 묘사에 눈과 귀를 집중했다. 남자는 여자의 현란한 말에, 그리고 다채로운 표정과 손짓에 넋이

나갔다. 결국 남자는 멍한 표정으로 여자의 손에 있던 열매를 받아 들고 우걱우걱 씹기 시작했다. 마침 혈당이 떨어진 상태여서 열매를 먹는 순간 눈이 번쩍 뜨였다.

"안 돼!"

오덕은 소리를 지르며 눈을 떴다. 호당 선생과 스팍이 놀란 표정으로 오덕을 바라보았다. 호당 선생은 조심스럽게 물었다.

"오덕아, 왜 그러느냐?"

"아, 무서운 꿈을 꾸었습니다."

오덕은 목뒤를 문지르며 대답했다. 손바닥에 땀이 흥건하게 묻어 나왔다.

"대단하군. 함께 이야기하는 중에 조는 것으로도 부족해서 꿈까지 꾸었단 말인가?"

"스팍, 그만해. 너랑 싸울 기분이 아니야."

"기분만 괜찮으면 언제든 싸울 수 있다는 말로 들리는군. 역시 넌 지나치게 감정적이야."

"스팍…… 됐다. 관두자."

빈정거리는 스팍과 몇 마디를 나눈 후 오덕은 긴 한숨을 내쉬었다. 그리고 호당 선생에게 방금 꾼 꿈의 내용을 말해 주었다. 호당 선생은 미소 지으며 말했다.

"꿈속에서 창세기 3장을 본 게로구나. 역시 오덕이 너는 상상력이 참 풍부하단 말이야."

"아, 어르신…… 꿈속이었지만 정말 무서웠습니다."

"무서워? 그게 그렇게 무서운 이야기란 말이더냐?"

호당 선생은 고개를 갸웃거렸다. 그러자 오덕은 몸을 부르르 떨었다.

"무섭고 말고요! 그들이 선악과를 먹지 않았다면 낙원에서 추방되어 고되게 일할 필요가 없었을 게 아닙니까? 어르신, 정말로 일은 너무 고통스럽습니다."

"이해가 잘 안 되는군. 지금 하는 일을 원래 좋아하지 않았나? 만화와 소설을 실컷 보면서도 돈을 벌 수 있다며 자랑했던 것이 기억나는데 말이야."

스팍은 오덕이 일본 만화와 소설을 번역하여 출간하는 출판사에 취직했을 당시에 했던 이야기를 상기시켰고 오덕은 표정이 일그러졌다.

"그렇긴 한데…… 스팍, 아무리 좋아하는 것도 '일'이 되고 나면 힘들어진다는 걸 정말 몰라서 묻는 거야? 나도 처음엔 적성을 살려서 즐겁게 일하려고 했지. 그런데 책의 질을 향상시키기보다 어떻게든 짧은 시간 안에 몇 권씩 뚝딱뚝딱 만들어야 하는 환경에서 앞뒤가 안 맞는 번역 문장을 날마다 고치다 보니 일하는 게 너무 무서워졌어."

"그래도 그 전에 다단계 회사에 취직했을 때와 비교해 보면 지금이 훨씬 개선된 상황임을 부인할 수 없을 텐데……. 당장 그만둘 것도 아니면서 왜 현재 하는 일에 대한 불만을 그렇게 늘어놓는 거지?"

스팍이 다시 오덕을 자극할 기미가 보이자 호당 선생은 손짓으로 두 사람의 대화를 중단시켰다.

"오덕아, 이야기를 들어 보니 너는 일을 저주의 결과라고 생각하는 것 같구나."

"그렇지 않은가요, 어르신? 아담과 하와가 에덴동산에서 추방된 후에 고통스럽게 일하기 시작했잖습니까?"

"글쎄…… 그럴까?"

호당 선생은 너털웃음을 지으며 말을 이었다.

"너처럼 생각하는 사람이 한둘이 아닐 게야. 동서양을 막론하고 고대 신화 속 '낙원'이 '일하지 않고 편히 쉬며 삶을 즐기는 곳'으로 묘사되는 경우가 많은 것만 봐도 분명하지. 에덴동산, 심지어 천국에 대해서도 그런 생각을 가진 사람이 얼마나 많은지 모른다. 하지만 오덕아, 그것은 성경의 그림과 사뭇 다른 생각이란다. 아담과 하와는 에덴동산에서 추방되기 전에도 일을 했었어."

"예엣? 그게 무슨 말씀이십니까?"

"하나님은 온갖 들짐승과 새를 지으신 후 아담에게 그것들의 이름을 지어 주게 하셨지? 낙원의 남자는 결코 무위도식無爲徒食하지 않았단다. 그에게는 '이름 짓기'라는 중요한 일이 있었어."

호당 선생은 화들짝 놀란 오덕에게 구약 성경 창세기 2장을 펼쳐 보여 주며 말했다. 그러자 오덕은 뭔가 불만스럽다는 말투로 물었다.

"어르신, 그러면 에덴동산에서는 아담만, 그러니까 남자만 일을 했던 것인가요?"

"이 녀석아, 성경을 자세히 보거라. 아담에게 무엇이 없어서 갈비뼈로 하와를 만들어 주셨다고 되어 있느냐?"

"'돕는 배필'이 없다고 되어 있습니다."

스팍이 다시 한 번 끼어들었다. 호당 선생은 고개를 크게 끄덕였다.

"옳다! 아담은 에덴동산에서 이름 짓는 일을 했고, 하와는 아담을 돕는 존재로 지어졌다는 것! 바로 그것이 창세기 2장의 가르침이니라."

"음…… 어르신, 우문입니다만, 하나님은 왜 아담에게 짐승과 새의 이름을 짓게 하셨을까요? 혹시 하나님은 만들기는 잘하시지만 이름 짓기에는 별로 자신이 없으셨던 것일까요?"

호당 선생은 쓴웃음을 지으며 오덕에게 꿀밤을 먹였다.

"요 녀석아! 하나님은 이미 낮과 밤, 그리고 하늘, 땅, 바다에 이름을 지어 주셨어. 하나님이 힘이나 지혜가 부족해서 사람의 도움을 필요로 하실까!"

"그러면요?"

"하나님이 낮과 밤, 하늘과 땅과 바다에 이름을 지어 주신 것을 기억한다면 하나님은 당신이 하시던 일을 사람에게 맡기셨다고 생각해 볼 수 있을 게다. 그 일은 그 자체로 창조의 한 부분이며 다양한 피조물에 의미를 부여하는 행위였는데…… 이걸 뭐라고 표현하면 좋을까? 그래! 사람은 이름 짓는 일을 통해 하나님의 동역자가 된 것이란다. 창세기에는 아담이 불러 준 이름이 곧 각 생물의 이름이 되었다고 적혀 있지? 다시 말하면, 하나님은 사람을 당신의 동역자로 초청하셨고 사람이 한 일의 결과를 인정해 주셨다고 표현할 수 있을 게다."

호당 선생은 침을 꿀꺽 삼키며 계속 말했다.

"사실 일에 대한 언급은 더 앞에서 먼저 찾을 수 있단다. 창세기에는 하나님이 사람을 만드시기 직전, 땅을 갈고 농사지을 사람이 없어서 초목과 채소가 아직 땅에 자라지 않았다는 이야기가 살짝 깔려 있지. 그 다음에 하나님이 흙을 빚어 사람을 지으시고 그 코에 생기를 불어넣으셨다는 이야기가 이어지는데,

그게 뭘 의미하겠느냐? 하나님은 창조 세계를 경작하게 하려고 사람을 지으신 것이 아닐까?"

"에덴동산을 경작하고 지키라는 말씀도 같은 맥락에서 이해할 수 있겠군요."

"옳지! 맞다, 스팍아. 그러니 일은 타락의 결과로 받은 저주가 아니라 사람이 존재하는 이유 그 자체라고 할 수 있다!"

호당 선생은 스팍을 바라보며 흐뭇한 표정을 짓다가 오덕의 어두운 얼굴을 보았다.

"오덕아, 왜 그런 슬픈 표정을 짓고 있느냐?"

"일이 저주가 아니라는 말씀은 잘 알겠습니다. 하지만 어르신, 일을 명분으로 남의 속을 발칵발칵 뒤집어 놓는 사람을 만날 때면 일은 정말 저주의 결과로 주어진 게 틀림없다고 생각될 때가 많습니다."

오덕의 침울한 목소리를 들으며 호당 선생은 지그시 눈을 감고 고개를 끄덕였다.

"그래, 오덕아. 일 자체가 하나님이 주신 고귀한 사명임을 알아도 그것을 잊거나 부인하는 데는 일터의 왜곡된 관계가 큰 몫을 한단다. 아무래도……."

[참고] 본 장은 필자의 졸고 〈고귀한 일, 고단한 일〉을 기초로 재구성한 것임을 밝힌다(《대학가》 2012년 7·8월호, 6-9쪽 참조).

"사람이 어찌나 꽁한지…… 불만이 있으면
시원하게 탁 털어놓고 이야기하고 좀 풀면 좋겠는데,
계속 사소한 걸로 꼬투리나 잡으니 정말 미칠 노릇입니다."

10
호당 선생, 인간관계를 말하다

●
●

"아무래도 직장에서 일보다는 관계 때문에 힘든 경우가 많지?"

"예, 어르신."

오덕은 고개를 떨구었다. 호당 선생은 오덕을 물끄러미 바라보더니 조용히 주방에 다녀왔다.

"자 오덕아, 이거 하나 먹어 보거라. 스팍이 너도."

"어르신, 이건 초콜릿이 아닙니까?"

스팍이 묻자 호당 선생은 고개를 끄덕였다.

"그냥 초콜릿이 아니고 천연 재료를 이용해 만든 수제 초콜릿이란다. 나도 아껴 먹는 것인데 오늘 크게 인심 쓰는 거다. 우선 이걸 좀 먹으며 이야기하자꾸나."

"……."

오덕은 고개를 들었다. 호당 선생이 푸근한 미소를 지으며 초콜릿을 응시하고 있었다. 그 모습을 본 오덕은 입가로 웃음이 새어 나왔다.

"역시 단 것이 좋지? 보기만 해도 웃음이 나오니 말이야."

"어르신, 저는 초콜릿 때문에 웃은 게 아니라 어르신 때문에……."

"알겠으니 입이나 벌려 보거라."

호당 선생은 웃으며 오덕의 입에 초콜릿을 하나 쏙 넣어 주었다.

"그래, 오덕아. 직장에서 누가 너를 가장 힘들게 하느냐?"

"요즘 사수 때문에 출근할 맛이 안 납니다, 어르신."

오덕은 우물거리며 이야기를 계속했다.

"사람이 어찌나 꽁한지…… 불만이 있으면 시원하게 탁 털어놓고 이야기하고 좀 풀면 좋겠는데, 계속 사소한 걸로 꼬투리나 잡으니 정말 미칠 노릇입니다."

"사수? 그건 군대 용어가 아닌가! 자네는 군대도 제대로 안 다녀오고선 무슨 사수……."

"스팍, 이럴 땐 제발 좀 가만히 있어 줘!"

오덕은 인상을 붉혔다.

"며칠 전에도 말입니다. 잠깐 화장실에 다녀와 보니 사수가 제 책상을 가만히 쳐다보고 있는 게 아닙니까? 그래서 제가 뭐 하냐고 물으니 다짜고짜 트집을 잡더라고요. 왜 자기가 가르쳐 준 방법대로 하지 않느냐고 말입니다. 어르신 정말 기가 막혔습니다. 솔직히 말씀드려 제가 생각한 방법이 더 합리적이고 효율적이었습니다. 칭찬은 못 해줄 망정……."

"자네가 고안한 방법이 더 효율적이었다고? 그거참 흥미로운 이야기로군."

스팍이 끼어들자 호당 선생도 한마디 덧붙였다.

"그래, 그건 나도 흥미롭구나."

"예?"

"아, 아니다. 계속 이야기해 보거라."

오덕은 미심쩍은 눈으로 호당 선생을 잠시 바라본 후 다시 입을 열었다.

"뭐 그런 일이 처음은 아니었습니다. 그때마다 사수는 같은 이야기를 했지요. '오덕 씨, 일은 오덕 씨 혼자만 하는 게 아닙니다. 회사에는 회사의 시스템이 있고, 시스템은 나름의 존재 이유가 있어요. 만약 오덕 씨가 멋대로 일하다가 갑자기 그만두기라도 하면 누가 그 일을 이어받아서 할 수 있겠습니까? 시스템을 존중하세요'라고요. 꼭 무슨 '직장인 만화'라도 보고 흉

내 내는 사람처럼 굴더군요."

"흠……."

호당 선생은 콧수염을 쓰다듬었다. 난처한 상황이 되었을 때 종종 나오는 버릇이었다. 어떻게 말해 줘야 할지 호당 선생이 고민하고 있을 찰나, 스팍이 호당 선생을 대신해 한마디 톡 쏘아붙였다.

"틀린 이야기가 하나도 없는데 왜 그러냐?"

"스팍, 왜 틀린 말이 없어? 어떻게 들어간 직장인데, 내가 왜 그만두겠냐? 어르신, 사수는 제가 그만두기만을 기다리는 사람 같습니다. 입사 초기에 회식 자리에서 실수를 한 번 했는데 그 이후로 계속 저를 미워하고 있습니다."

"혹시 넥타이를 노래방 문고리에 묶어 뒀다던 그 사람이 지금 사수야?"

"응? 응."

스팍과 오덕의 짧은 문답을 들은 호당 선생은 화들짝 놀랐다.

"그게 무슨 소리냐? 넥타이를 묶어 두다니?"

"그, 그게 말입니다…… 음…… 입사 초 회식 자리에서 선배들이 자꾸 술을 권하는 게 아닙니까? 저는 그리스도인이라 술을 먹어 본 일이 없다고 계속 거절하는데도 막무가내로 권해서 맥주 몇 모금을 억지로 마셨는데…… 어…… 저는 기억이 안

나는데요, 제가 '가자 비엔토!'[2]라고 외치며 사수의 넥타이를 잡아서 끌고 다니다가 문고리에 넥타이를 묶어 두고는 잠들었다고 하더라고요."

호당 선생은 입을 떡 벌렸다. 오덕은 뒤통수를 긁으며 멋쩍게 웃었다.

"그 후로는 회식이 있어도 '오덕 씨는 교회 다니니까……'라면서 저를 잘 부르지 않더군요. 뭐, 덕분에 편해졌습니다. 아무튼 저는 기회가 생기는 대로 사과하려 했지만 사수는 계속 저를 피했습니다. 사람이 꽁해 가지고는……. 아니, 피할 거면 아예 말을 섞지 말던지! 열심히 일하고 있으면 꼭 와서 트집 잡는단 말이죠. 어르신, 너무 힘듭니다. 제가 얼마 전에 출애굽기를 읽었는데요, 바로와 모세의 관계가 꼭 저와 사수의 관계 같았습니다. 자기 태도는 바꾸지 않고 계속 저를 억압하는데……."

"오덕아!"

"예?"

호당 선생의 근엄한 목소리에 오덕은 눈을 동그랗게 떴다. 호당 선생은 전에 없이 단호하게 말했다.

"정신 차려라. 인간관계가 힘든 것은 사실이나 그 이유의 태반은 네 몫이니라!"

"어르신……."

오덕은 충격을 받았는지 말을 이어가지 못했다.

"이 녀석아, 네가 왜 힘든지 잘 알려 줄 테니 귓구멍 후비고 단단히 듣거라. 첫째로, 너는 업무 방식이나 기질 차이를 선악의 차이로 생각하였다. 출애굽기 운운한 것을 보아하니 너는 스스로 '옳은 일을 고수하느라 핍박받는 의인'이라고 생각하였을 터! 당치 않은 소리다. 종교적인 선악 구도로 상대를 바라보느라 일터의 관습과 언어에 익숙해지기를 게을리했으니 어찌 관계가 원만할 리 있겠느냐!"

"……."

오덕의 목이 자라목이 되었으나 호당 선생은 아랑곳하지 않고 연이어 호통쳤다.

"둘째로 너는 그리스도인이라는 이름 뒤에 숨어서 일터의 사람들과 적극적으로 사귀려 들지 않았다! 첫 회식 자리에서의 추태보다 더욱 위중한 문제는 이후에 네가 보인 태도였느니라. 회식에 참석하지 않아서 편해졌다고 생각하며 고립을 자초한 너를 대체 누가 살갑게 대할 수 있겠느냐?"

"어르신 너무합니다!"

오덕의 눈시울이 붉어졌다. 하지만 호당 선생은 뜨거운 콧김을 세차게 내뿜은 후 형형한 눈빛으로 오덕을 내려 보았다.

"마지막이 가장 중요한 문제니라! 너는 상대로부터 아무것도 배우려 들지 않았다."

"어르신, 제가 언제……."

"하면 선배가 같은 지적을 되풀이했음에도 여전히 네 방식대로 일을 처리한 까닭이 무엇이냐?"

"……."

"많은 그리스도인이 너와 같은 잘못을 범하고 있다. 진리를 안다는 확신이 이상하게 작용하여 믿지 않는 자에게서 아무것도 배우려 들지 않는 사람이 정말 많다. 오덕아, 듣고 배우려 들지 않은 채 일방적으로 말하고 가르치려 드는 사람은 어디에서도 환영받지 못한다."

호당 선생은 말을 마친 후 오덕의 어깨에 손을 얹었다. 오덕은 고개를 푹 숙였다. 그의 얼굴 아래로 굵은 물방울이 여럿 떨어졌다.

---

1 윤태호, 「미생(1)」(고양: 위즈덤하우스, 2012), 97-102쪽.
2 비엔토(Viento)는 일본 애니메이션 〈쾌걸 조로〉(快傑'ゾロ)에서 조로가 탄 백마의 이름이다.

"얘들아, 일과 임금이 정비례하지 않는 경우에도
지나치게 슬퍼하거나 노여워하지 말거라."

11
호당 선생, 임금을 말하다

"어르신 미워요!"

오덕은 어깨에 올려진 호당 선생의 손을 밀쳐 낸 후 두 손으로 얼굴을 감싸 쥐고는 소리 내어 울기 시작했다. 호당 선생은 예상보다 훨씬 과격한 반응에 놀라 말을 잇지 못한 반면 스팍은 혀를 끌끌 차며 말했다.

"적당히 해. 어르신 앞에서 이게 무슨 추태야!"

"스팍 넌 더 미워!"

오덕은 고개를 뒤로 젖히고는 손을 늘어뜨린 채 훌쩍거렸다. 그 모습을 한참 바라보던 스팍은 호당 선생에게 낮은 목소리로 말했다.

"저렇게 감정을 조절하지 못하니 직장에서 인간관계를 제대로 유지하기란 정말 어렵겠습니다."

"어릴 때부터 친구로 지내 온 네가 그렇게 평가할 정도니……. 그래도 혹시 아느냐? 오덕이도 깨달음을 얻으면…… 음…… 최소한 상사 앞에서만이라도 본성과 다르게 행동하지 않을까?"

스팍은 고개를 설레설레 흔들었다.

"저 친구가 그럴 리 없습니다. 게다가 어르신, 요즘에는 이른바 다면 평가라는 것이 일반화되고 있습니다. 상사의 평가만으로 승진과 봉급 인상을 결정하지 않고 동료를 포함한 다양한 사람에게 복합적인 평가를 받는 방식으로 변하는 것이지요."

"그래? 그거참 흥미롭구나."

호당 선생은 눈을 동그랗게 떴다. 그때 콧물 삼키는 소리를 내며 오덕이 말했다.

"어르신, 그놈 말을 다 믿지 마십시오. (훌쩍) 그거야 어느 정도 규모가 있는 회사 이야기고…… 우리 회사는 영세해서 그냥 주먹구구로 돌아갑니다. (훌쩍) 다면 평가니 뭐니 하지만 바로 윗사람의 평가가 가장 절대적입니다. 저는 눈치 안 보고 소신껏 하려다가 곤란을 좀 겪었지만……."

"응?!"

"엥?!"

호당 선생과 스팍이 동시에 반응하자 오덕은 멋쩍은 듯 머리를 마구 긁었다. 호당 선생은 오덕이 울음을 멈춘 것에 기뻐하며 미소 지은 얼굴로 말했다.

"잔소리처럼 들리겠지만 이 늙은이의 말을 귀담아 듣고 사람들과 잘 어울리거라. 다면 평가니 뭐니 하는 말이 없던 과거에도 동료들의 평가는 아주 중요했단다. 상사들이 듣지 못하고 보지도 못하는 사람처럼 느껴진다 해도, 동료들 사이에서 오가는 네 평판을 세심하게 파악하고 있을 가능성이 아주 큰 법이지."

"그리고 그 평가는 네 임금과 직결되어 있고."

스팍이 호당 선생의 말에 한마디 거들자 오덕은 콧방귀를 뀌었다.

"나는 누구처럼 매사에 계산적이지 않아서 잘 모르겠는걸. 스팍 너는 모든 관계를 돈으로 환산해서 생각하나 보지? 나는 달라. 내가 하는 일이 너무 좋고 이 일을 통해서 자아실현을 할 수 있으니까 너처럼 그러질 않아."

"그것참 희한하군. 아무리 좋아하는 것도 직업이 되고 나면 힘들어진다는 이야기를 이 자리에서 조금 전에 들은 것 같은데…… 네 말을 번복하는 거야?"

오덕의 얼굴이 굳어졌다. 그런데 오덕을 달래기라도 하려는 듯 호당 선생이 손을 내밀어 다시 오덕의 어깨에 올렸다. 오덕은 흠칫 놀라며 호당 선생을 바라보았다. 호당 선생은 물끄러미 오덕을 바라보더니 긴 한숨과 함께 이야기를 뱉어 냈다.

"돈을 벌기 위해 일한다는 것은 결코 나쁘거나 부끄러운 일이 아니란다. 물론 먹고 살기 위해서, 목구멍에 풀칠하기 위해서 일하는 것을 부끄러워하는 사람이 있긴 하다. 허나 가족의 생계를 지탱하기 위해 돈 버는 일은 외려 자랑스러워해야 하는 일이란다. 너희, 하나님이 사람을 일하는 존재로 지으셨다는 이야기를 기억하지?"

호당 선생은 오덕과 스팍이 고개를 끄덕이는 것을 보고 이야기를 이었다.

"사람이 일하는 것은 하나님의 창조 섭리를 따르는 자연스러운 행동이니 일한 대가, 곧 임금을 받아 삶을 이어가는 것이야말로 창조 질서에 순종하는 삶이라 할 수 있을 것이다."

"아, 그렇습니까? 실은 편집자들이 자주 모이는 웹사이트의 구인, 구직 게시판을 아침저녁으로 살펴보고 있습니다. 어딜 가나 하는 일은 비슷할 테니 임금을 조금 더 받을 수 있는 곳으로 가 보려고요. 헤헤."

오덕은 언제 울었냐는 듯이 혀를 쏙 내밀고 웃었다. 그 모습을 본 스팍은 다시 고개를 설레설레 흔들었고 호당 선생은 억지 미소를 지었다. 순간 오덕은 어깨에 올려진 호당 선생의 손이 부르르 떨리는 것을 느낄 수 있었다.

"임금은 참으로 중하나 임금이 일의 첫 번째 동기가 되어서는 곤란하다. 하나님이 사람을 일하는 존재로 만드신 것은 곧 하나님이 사람을 창조의 동역자로 받아들이시고 사람이 한 일의 결과를 인정하신다는 의미라는 것을 기억하느냐? 어떤 일이건 그 점이 첫 번째 동기가 되어야 한단다. 하나님의 동역자로 부름 받았다는 소명, 그리고 우리가 하는 일의 결과를 하나님이 인정해 주실 것이라는 기대 말이다. 먹고 살아야 하니 임금에 먼저 눈이 가는 것은 당연하지만, 그럴수록 생각의 바탕을 단단히 다져 두어야 하느니라. 그리고, 음, 그, 뭐였더라?"

호당 선생은 잠시 말을 멈추고 테이블 위에 놓인 수제 초콜릿을 하나 집어서 입에 넣었다.

"당분을 충분히 공급해 주지 않으니 기억력도 떨어지는구나. 아, 이제 생각났다! 얘들아, 일과 임금이 정비례하지 않는 경우에도 지나치게 슬퍼하거나 노여워하지 말거라. 일과 임금이 반드시 비례해야 한다는 생각을 포기하지 못하면 힘은 많이 드는데 돈은 적게 받는 일을 무가치하게 생각할 수밖에 없단다."

"어르신의 그 말씀은 잘 이해되지 않습니다. 동일노동—동일임금의 원칙이 깨지는 것을 그냥 받아들이라는 뜻인가요?"

스팍이 눈을 부라리며 질문했다. 호당 선생은 콧수염을 만지며 대답했다.

"스팍아, 나는 세상의 부당함까지 모두 긍정하자고 말하고 싶진 않구나. 최저 생계비나 최저 시급의 기준을 현실적인 수준으로 인상해야 한다는 데에는 절대적으로 동의한단다. 다만 나는 다른 관점에서 이 이야기를 꺼낸 것이다. 오덕아!"

"예엣?"

동일 어쩌구하는 부분에서 넋이 나간 오덕은 갑작스런 부름에 깜짝 놀랐다. 호당 선생은 너털웃음을 지으며 오덕에게 물었다.

"너는 월급을 누가 준다고 생각하누?"

"그야 당연히 사장님이……."

"그래? 하면 너는 사장님 눈치를 많이 살피겠구나."

"예? 뭐 딱히……."

"어르신, 오덕입니다. 이 친구가 남의 눈치를 제대로 살필 리가 없잖습니까."

"아, 오덕이었지? 미안하다. 아무튼 오덕아, 보통은 월급 주는 사람의 눈치를 살피는 게 정상이겠지?"

"예에……."

오덕은 뭔가 찜찜한 표정으로 대답했다. 호당 선생은 낡은 성경을 펼쳐 골로새서 3장 23절과 24절을 읽었다.

"'무슨 일을 하든지 마음을 다하여 주^{主}께 하듯 하고 사람에게 하듯 하지 말라 이는 유업^{遺業}의 상^{賞}을 주^{主}께 받을 줄 앎이니 너희는 주^{主} 그리스도를 섬기느니라.' 얘들아, 성경은 돈 주시는 이가 우리 주님이시라고 말한다. 고용주가 임금을 준다고 생각하면 그의 비위를 맞추느라 늘 불안할 뿐만 아니라 그가 충분한 임금을 지불하지 않았다는 이유로 분노할 수도 있단다. 그러나 임금을 지불하시는 이가 주님이라고 생각을 고칠 때 우리는 불안과 분노를 떨치고 일할 수 있단다. 하나님의 창조에 동참하는 진정한 일 말이다. 이렇게 생각을 바꿀 수 있다면, 하는 일에 비해 임금이 적더라도 분노하지 않고 창조의 동역자로 계속 일할 수 있지. 응? 오덕아, 내 말 듣고 있는 거니?"

"당연하죠, 어르신."

오덕은 딴청을 부리다가 호당 선생의 부름에 큰 목소리로 대답했다. 그러자 호당 선생과 스팍은 눈빛을 교환했다.

'어르신 오덕입니다.'

'그렇지? 오덕이지?'

"젊을 때는 영감이 교회력이니 대림절이니 할 때마다
귀찮고 번거롭기만 했는데 세월이 흐를수록 참 좋아요"

12
호당 선생, 교회력을 말하다

"음......"

호당 선생의 입에서 신음인지 한숨인지 분간하기 힘든 소리가 새어 나왔다. 그토록 갈구하던 고요함이 찾아왔건만, 그는 마냥 기뻐할 수 없었다.

"이만하면 양호하구나."

호당 선생은 나지막이 중얼거렸다. 오덕과 스팍이 떠난 자리에는 빵 부스러기가 흩어져 있을 뿐만 아니라 휴지 뭉치가 석탑처럼 쌓여 있었다. 휴지 뭉치가 용케도 무너지지 않은 것은 오덕의 눈물과 콧물이 아교풀처럼 접착제 구실을 했기 때문이었다.

"끙……."

호당 선생은 얼굴을 한껏 찡그리며 서너 차례 눈을 감았다 떴다. 잠시 후 호당 선생은 허리를 굽혀 탑을 해체하기 시작했다. 휴지 뭉치는 쓰레기통에 담겼고 찻잔과 접시는 싱크대로 옮겨졌다. 그러고 나서 호당 선생은 주방에서 행주를 가져와 테이블을 닦았다.

테이블 정리를 마친 호당 선생은 주방에 들어가 설거지를 시작했다. 오덕, 스팍과 함께 먹고 마신 것 외에도 적지 않은 그릇이 쌓여 있었지만 호당 선생의 손놀림에는 조금의 망설임도 없었다.

호당 선생은 우선 그릇에 물을 뿌려 이물질을 제거했으며, 비교적 큰 그릇을 하나 골라 주방 세제를 적당히 물에 풀어 거품을 만들었다. 그리고 수세미에 거품을 묻혀 그릇을 하나하나 닦았다. 신기하게도 호당 선생이 아무렇게나 집어 드는 그릇들은 일정한 크기와 모양을 띠고 있었다. 마치 손가락 끝에 눈이 달리기라도 한 것처럼 호당 선생은 그릇을 모양과 크기에 따라 분류하며 닦았다.

그릇을 모두 헹구고 싱크대의 물기까지 완전히 제거한 후, 호당 선생은 행주를 뜨거운 물에 삶아 내며 안도의 한숨을 내쉬었다.

"휴……."

호당 선생은 식기 건조대에 일정한 간격으로 줄지어 엎드린 그릇들과 물기 한 점 없이 깨끗하게 정리된 싱크대, 그리고 말갛게 소독된 행주를 사랑스러운 눈으로 바라보았다.

"떨어진 혈당이나 좀 보충해 볼까? 어디 보자…… 그래, 오늘은 그걸 좀 먹어 봐야겠군."

호당 선생은 냉동실에서 H사의 2.26킬로그램짜리 엑스트라 자이언트 사이즈 초콜릿을 꺼내어 단호하고 능숙하게 포장을 벗겨 내었다.

H○○○○○○'S "THE CHOCOLATE THAT IS PURE"

호당 선생은 황홀한 표정으로 초콜릿 표면에 음각된 글씨를 바라보았다.

"암, 너는 순수하지(pure)."

부엌칼로 'E' 부분을 잘라 낸 호당 선생은 나머지를 도로 냉장고에 넣은 후 콧노래를 부르며 거실로 나왔다. 그런데…….

"여, 여보……."

호당 선생의 얼굴에서 핏기가 사라졌다. 조금 전만 해도 깨끗했던 거실 사방에 나뭇가지, 철사, 노끈 등이 어지럽게 흩어져 있었다.

"설거지 하셨수?"

"그, 그랬지."

"아이고, 기어이 그걸 드시는구먼. 좀 적당히 하시구려."

호당 선생은 초콜릿 든 손을 등 뒤로 숨겨 보았지만 이미 늦었다. 기왕 잔소리를 들은지라 호당 선생은 보란 듯이 초콜릿을 입에 넣고 우물거리며 물었다.

"벌써 대림환을 만들 때가 되었소?"

"그러게요. 시간이 어찌나 잘 가는지……."

그 순간 호당 선생의 눈이 번쩍 뜨이게 만든 것은 초콜릿이었을까, 대림환이었을까? 호당 선생은 생각에 잠겼.

'먹고, 치우고…… 평범한 일이 반복되는 일상이 내 감각을 무디게 했구나. 하긴 젊은 날에도 그건 마찬가지였지. 아침에 나가서 저녁에 돌아오는 것의 반복. 집에서 잠시 쉬었다가 다시 일터로 돌아가는 리듬이 나를 둔감하게 만든다는 것을 깨닫고 교회력의 리듬으로 삶을 조율하려고 결단했었는데…….'

호당 선생은 반복되는 일상에 매몰되지 않기 위해 젊은 시절 천착했던 교회력의 영성을 다시 생각했다.

믿음의 선배들은 교회력(敎會曆, ecclesiastical calendar)을 사용해 예수 그리스도의 탄생, 죽음, 부활, 그리고 재림 안에서 완성되는 구원의 역사를 일 년 주기로 기념하고 재현해 왔다. 호당 선생은 젊은 시절 교회력의 절기²를 기념하고 묵상하면서 영적인 편식을 극복하고 균형 잡힌 영성을 추구해 나갈 수 있었다. 교회력은 호당 선생으로 하여금 예수 그리스도를 기다리는 삶으로 시작해 그분의 삶과 고난, 죽음과 부활, 더 나아가 성령과 동행하는 일상생활을 살 수 있도록 안내해 주었다.

그뿐만이 아니었다. 교회력의 리듬에 따른 영성 형성을 경험하는 중에 호당 선생은 영성이 개인적인 것이 아니라 공동체의 것임을 깊이 체득할 수 있었다. 하나님과의 친밀함을 갈망하였던 믿음의 선배들, 그리고 잘못된 가르침에 맞서 싸우며 올바른 교리를 발전시켜 온 교회의 전통 속에서 호당 선생은 정통의 영성을 배양할 수 있었다. 그리고 작은 교회의 예배나 개인의 예배에서도 자신이 우주적 교회와 연합되어 있다는 의식을 가질 수 있었다.

호당 선생은 아내가 만들고 있는 대림환을 바라보며 말했다.

"벌써 새로운 한 해를 준비할 때가 되었구려."

"그러게 말이우. 젊을 때는 영감이 교회력이니 대림절이니 할 때마다 귀찮고 번거롭기만 했는데 세월이 흐를수록 참 좋아요. 다른 사람들이 시끌벅적하게 시간을 흘려보낼 때 예수님을 기다리고 영접할 준비를 할 수 있으니 말이우."

호당 선생은 고개를 크게 끄덕였다. 대림절(待臨節, Advent, 혹은 대강절, 강림절이라고도 함)은 교회력의 시작으로 성탄절이 되기 전 4주간의 절기이다. 일반적인 달력의 날짜 감각이라면 연말연시의 떠들썩함에 잠겨 흘러가기 쉬운 때지만, '이미 오셨으며 다시 찾아오실 주님'을 기다리며 영접할 준비를 하는 대림절의 의미를 기억해 왔기에 호당 선생 일가는 매년 성탄절을 뜻깊게 맞이할 수 있었을 뿐만 아니라 종말론적 신앙 고백 속에서 연말을 보낼 수 있었.

"완성! 자, 어때요?"

"당신 솜씨야 굳이 말할 필요가 없지."

"칭찬이우, 욕이우?"

"허허, 이 사람……."

호당 선생은 아내의 눈을 피하며 대림환만 만지작거렸다.

"청소나 하시우!"

---

1 대림환은 상록수 잎을 엮어 만든 화환으로, 대림절 초를 돋보이게 하는 장신구이다.
2 교회력의 대표적 절기는 교파에 따라 다르지만 일반적으로 교회력은 일 년을 그리스도의 생애에 따라 구분하며 다음과 같은 절기를 공통으로 포함하고 있다. 성탄절을 기다리는 대림절(Advent), 예수님의 탄생과 재림을 기념하고 소망하는 성탄절(Christmas), 주님이 온 세상에 나타나심을 축하하는 주현절(Epiphany), 부활절 전의 40일(절기 기간에 주일은 포함되지 않으므로 실제로는 46일)간 세례 받기 위해 준비하거나, 기도와 금식 등의 경건 훈련을 하는 사순절(Lent), 그리고 부활절(Easter)과 부활 주일 후 50일째 되는 날의 성령강림절(Pentecost, 혹은 오순절) 등이다. 교회력을 통한 영적 생활에 대해 자세한 안내를 원한다면 로버트 E. 웨버의 「교회력에 따른 예배와 설교」(서울: CLC, 2006)를 읽어볼 것을 권한다. 『Forming Spirituality through the Christian Year』이라는 원제에서도 알 수 있듯이 이 책은 단지 목회자만을 위한 것이 아니다. 이 책에서 로버트 웨버는 교회력의 각 절기에 맞는 성경적인 주제들과 예전적인 전통을 복원하고 소개하면서 영적 생활의 이정표를 제시하고 있다. 유용한 도표들과 기도문들, 숙고를 위한 질문들, 그리고 참고 자료 목록이 제공된다.

"그러니까 하늘나라[天國]는 '하나님 나라'라는 말과 같은 뜻인데, 사실 죽어서 가는 곳이 아니야."

13
호당 선생, 하나님 나라를 말하다

호당 선생은 무엇에 홀린 듯 쓸고 닦는 데에 모든 마음을 쏟았다. 어지른 사람이 아내라는 것은 전혀 중요하지 않았다. 아내의 말에 순종하기를 주께 하듯 해온 기나긴 세월 덕분이었으리라.

"여보……."

지나치게 청소에 몰입한 탓이었을까? 호당 선생은 아내의 목소리를 듣지 못했다. 하지만 뭔가 이상한 느낌이 들어 고개를 들었을 때, 아내의 얼굴에 눈물이 흘러내리는 것을 볼 수 있었다.

"여보, 왜 그러시오? 무슨 일이라도 생긴 게요?"

호당 선생은 두 손으로 얼굴을 감싸며 바닥에 주저앉은 아내 곁으로 급히 다가갔다. 아내는 가까스로 한 손을 들어 전화기를 가리켰다.

"웅이가, 웅이가…… 교통사고로…….."

울먹이느라 토막토막 끊어진 아내의 이야기를 듣던 호당 선생은 망연자실한 얼굴을 한 채 모든 움직임을 멈출 수밖에 없었다. 하지만 그는 아내의 울음소리를 듣고 퍼뜩 정신을 차렸다. 호당 선생은 아내를 안방으로 데려가 눕히고는 따뜻한 물을 마시게 했다.

"여보, 일단 좀 누워 있으시오. 아니 누운 김에 마음 편히 먹고 한숨 자두시오. 내일 아침 해가 밝는 대로 내가 가 볼 테니……."

"……."

호당 선생은 아내 옆에 누워 어깨를 토닥였다. 잠들기엔 지나치게 이른 시간인 탓도 있었지만, 충격적인 소식 때문에 좀처럼 잠들 수 없을 것 같았다. 자신도, 아내도…….

호당 선생의 뇌리에는 허망하게 세상을 떠난 한 남자의 얼굴이 떠올랐다. 둘도 없던 친구의 아들…… 친구 내외가 사고로 유명을 달리한 후 친아들처럼 키웠던 한 남자의 소년 시절이 눈에 어른거렸다.

"삼촌, 어떻게 해야 천국에 갈 수 있는지 아세요?"

"글쎄, 웅이가 삼촌한테 알려 줄래?"

"그것도 몰라요? 죽어야 돼요. 천국 가려면 일단 죽어야

된다고요. 헤헷!"

"뭐? 요 녀석이…… 하하하."

호당 선생은 젖은 눈가를 닦아 내느라 잠을 이루지 못했다. 잠 못 이루는 시간이 흐르고 흘러 새벽이 되었다. 호당 선생은 아내가 깰까 조심조심 자리에서 일어나 주방으로 가 불을 켜고 테이블 앞에 앉았다. 그는 오랜 습관에 따라 성경을 펼쳤고 심호흡을 반복하며 마음을 진정시킨 후 레위기를 읽어 내려갔다.

"맞잖아요. 천국은 죽어야 갈 수 있잖아요!"

"지웅아…… 성경에 나오는 천국, 그러니까 하늘나라[天國]는 '하나님 나라'라는 말과 같은 뜻인데, 사실 죽어서 가는 곳이 아니야. 보통 그렇게 생각하기 쉽지만 말이다. 바로 지금 하나님의 다스림이 미치는 곳이 전부 하나님 나라지."

"다스림……이요?"

"그래, 다스림! 예수님이 마가복음 1장에서 '때가 찼고 하나님 나라가 가까왔으니 회개하고 복음을 믿으라'(막 1:15)고

하신 것도 같은 의미에서 말씀하신 거였어. 회개하고 복음을 믿으라는 건 하나님의 다스림에 순종하는 하나님 나라 백성이 되는 삶을 뜻하는 말씀이란다."

"아, 그럼 죽기 전에도 하나님 나라 백성으로 살 수 있겠네요?"

"그렇지. 죽기 전에 그렇게 살 수 있고 그렇게 살아야 하지."

"천하에 불효자 같으니…… 뭐 좋은 일이라고 그렇게 급하게……."

호당 선생은 눈시울을 훔치며 억지로 성경을 보았다. 여기저기 갈라진 성경을 천천히 넘기는 동안 소년을 무릎에 앉히고 소리 내어 성경을 읽어 주던 기억이 생생하게 떠올랐다.

"성경 말씀 중에 그렇지 않은 부분이 어디 있겠냐마는, 오늘 읽을 차례인 레위기도 하나님 나라의 백성이 어떤 삶을 살아야 하는지 아주 잘 보여 준단다. 특히 레위기 19장을 보자꾸나. 어떻게 제사 지낼 것인지도 나오지만 어떻게 농사지어야 할지도 나오지? 그것 말고도 다른 내용이 또 있단다. 재판 이야기도 있고……."

"힝, 머리 자르는 이야기도 나오네요. 그런데 이건 무슨 글자예요? 전국^{全國}이랑 죄악^{罪惡}은 알겠는데, 생^{生}자랑 풍^{風}자 앞의 글자들은 모르겠어요."

"아, 그, 그건…… 기^{妓}자와 음^{淫}자란다."

"'네 딸을 더럽혀 기생^{妓生}이 되게 말라 음풍^{淫風}이 전국^{全國}에 퍼져 죄악^{罪惡}이 가득할까 하노라'(레 19:29) 기생? 음풍? 기생은 조선시대에 춤추고 노래하던 여자들을 말하는 거죠? 그런데 음풍은 무슨 뜻이에요?"

"고약한 녀석, 어른을 놀리다니. 다 알고 있었으면서."
호당 선생은 레위기 19장 29절을 바라보며 씁쓸하게 웃었다.

"흠흠…… 그건 나중에 시간 나면 다시 말하도록 하고…….
웅아, 레위기 19장만 봐도 우리가 평범하게 하는 일이 많이 나오지?"

"그러네요. 농사도 짓고 머리도 자르고, 정말 평범한 일이네요. 그런데 기생이랑 음풍도 평범한 일인가요?"

"나중엔 그것도 아주 평범하게 받아들일지도 모르지."

"예?"

"아니, 아무것도 아니다. 아무튼 웅아, 하나님 나라 백성으로 산다는 건 죽어서 천국 가는 것만을 의미하지 않는다는 걸 알겠지? 매일같이 예배당에 머물면서 예배드리는 것 역시 하나님 나라 백성의 삶을 다 설명해 주지 못한다는 말도. 성경이 말하는 천국은 평범한 삶, 곧 일상 속에서 체험되는 것이란다. 사실 일상생활의 영성이란 일상생활 속에서 하나님 나라를 경험하는 영성이라고 해도 과언이 아니지."

"어려워요 삼촌."

"어려워? 일단 귀담아들어 두면 이해되는 날이 올 게야. 하하."

과거를 추억하던 호당 선생은 문득 정신을 차리고 뒤를 돌아보았다. 아내가 서 있었다.

"벌써 일어났소? 좀 더 자지 않고."

"당신이야말로 한숨도 못 잔거 같은데, 괜찮아요?"

"난 괜찮소. 날이 밝아 오니 이제 출발해야겠소."

호당 선생은 자리에서 일어났다.

호당 선생,
일상을 말하다

"휴대전화로 인하여 인간은 '홀로 있음'의 영성을
잃어 가고 있단다."

14
호당 선생, 휴대전화를 말하다

빛이 어슴푸레 스며들기 시작한 새벽, 호당 선생은 가슴을 펴고 공기를 깊이 들이마셨다. 상쾌함이 폐부 깊이 흘러 들어오자 굳어 있던 얼굴이 미세하게 풀어졌다. 그제야 호당 선생은 여유를 조금 되찾고 주위를 둘러볼 수 있었다. 이른 시간이었지만 많은 사람이 빠른 걸음으로 움직이고 있었다.

"부지런한 사람들이 참 많구나. 아니, 이렇게 일찍부터 움직이지 않으면 살 수 없어서 그런 것일까?"

혼잣말을 하며 여유롭게 걷던 호당 선생은 버스 정류장에 도착했다. 무표정한 얼굴로 휴대전화를 바라보는 사람, 정류장 구조물에 기대어 눈을 감고 있는 사람 등이 눈에 들어왔다. 그리고 유독 큰 목소리도 들렸다.

"왜? 오천이면 섭섭잖을 텐데 부족하대? 뭐? 저쪽에서 삼천을 더 불렀다고? 이 미친놈들이 시장 질서를 엉망으로 만드네. 상도의에 시옷도 모르는 것들! 알았어. 깔끔하게 일 억에 맞춰 줘. 괜찮아. 일 억 주고 오 억 뽑아낼 수 있는 아이템이야. 변동 생기면 바로 콜해."

비스듬히 기댄 채 눈을 감고 있던 사람의 얼굴이 일그러졌다. 호당 선생은 짧게 한숨을 쉬었다. 그런데 큰 목소리의 주인공이 호당 선생에게 말을 걸어왔다.

"어르신!"

"아, 오덕아……."

호당 선생은 복잡 미묘한 표정을 지으며 대답했다. 얼굴을 일그린 사람은 눈을 가늘게 뜨고 호당 선생과 오덕을 쳐다보았다.

"이른 새벽부터 어디를 가십니까?"

"아는 사람이 일을 좀 당해서……. 출근하는 길이더냐?"

"예, 어르신. 제 수입으로 직장 근처에 집을 구하면 하루에 라면 하나만 먹고 살아야겠더라고요. 그래서 이렇게 새벽에 나가야 합니다."

"그래, 그렇구나."

그때 오덕의 휴대전화가 다시 울렸다. 눈을 가늘게 뜬 사람의 아랫입술이 쭈욱 튀어나왔다. 그의 시선을 의식한 호당 선생은 약간 불안한 표정을 지었지만 오덕은 개의치 않고 통화에 열중했다.

"어허, 괜한 느낌이 아니고 다 경험이고 데이터야. 여기서 놓치면 해외 쪽으로 알아 봐야 하는데, 그러면 일이 복잡해져. 여기선 일단 내 말대로 해. 그래, 일 억, 일 억 쏘라고. 책임? 알았어, 내가 책임질게. 엎어져도 일 억이야. 뭐 그 정도에 앓는 소리를 하고 그래? 나 지금 통화 길게 못 하니까 끊어!"

오덕은 휴대전화를 품에 넣고는 뒤통수를 긁었다.

"죄송합니다, 어르신. 이 친구들이 새벽부터 자꾸 전화를 하네요."

"흠흠…… 내 엿들으려 한 것은 아니다만 네가 워낙 크게 통화를 해서 듣지 않을 수가 없었구나. 요즘 무슨 부업이라도 하는 게냐? 부업이라고 하기엔 네가 말하는 돈 단위가 아주 크던데, 오퍼상이라도 시작한 게냐?"

"예? 흐흐흐…… 아닙니다, 어르신. 게임 이야기였습니다. 〈거상 V: 실크로드 프로젝트〉라고 제가 요즘 새로 시작한 온라인 게임 때문에 팀원들하고……."

호당 선생은 고개를 흔들었다. 문득 정류장에 기대 있던 사람의 튀어나온 입술이 움직이는 것이 보였다. 소리를 들을 수는 없었지만, 마치 "신발"이라고 말하는 것처럼 보였다.

"오덕아……."

"아, 어르신 버스 왔습니다."

호당 선생은 입을 다물고 버스에 올라탔다. 호당 선생과 오덕은 버스 맨 뒤쪽 자리에 나란히 앉았다. 딱 세 자리가 남아 있었는데 오덕과 호당 선생이 앉고 남은 자리에는 "신발"을 말하던 남자가 앉았다. 호당 선생의 이마에 땀방울이 송골송골 맺혔다.

"오덕아……."

"예? 잠시만요, 어르신. 메시지 답장만 좀 하고요."

"아침부터 분주하구나."

"흐흐…… 팀원들 중에서 직업을 가진 사람이 저밖에 없거든요. 다들 어젯밤에 시작해서 지금까지 하고 있는데, 저만 접속을 못하니 이렇게라도 의사소통을 해야 합니다."

호당 선생 옆의 남자는 팔짱을 끼고 눈을 감은 채 조용히 신발을 여러 켤레 찾았다. 오덕이 휴대전화를 내려놓자 호당 선생은 이마에 맺힌 땀을 닦으며 말했다.

"김신동 선생이었던가? '호모 텔리포니쿠스'(Homo Telephonicus)라는 신인류가 출현하고 있다고 쓴 글을 읽은 것이 엊그제 같은데, 네가 바로 그 신인류로구나."

"호모 뭐라고요? 어르신 저는 여자 좋아하는데요."

"어흠, 그 호모가 그 호모가 아니니라. 오덕아, 너는 참으로 현대 기술 문명의 소산을 자유자재로 다루는구나."

"뭐, 제가 좀 합니다만…… 저만큼은 아니라도 요즘은 다들 능숙한 편이죠."

"그래. 기술 자체를 악마시하는 것은 결코 건강하지 않으며, 기술의 소산을 '사랑의 도구'로 사용하는 것이야말로 우리에게 반드시 필요한 태도지. 마르틴 루터의 종교 개혁 역시 당시의 첨단 기술이라 할 수 있는 인쇄술의 발달과 깊은 관계를 맺고 있었고. 그런데 말이다……."

"네?"

호당 선생은 어느새 다시 휴대전화를 들여다보고 있는 오덕을 보며 씁쓸한 얼굴로 말했다.

"기술이 어떤 경우에나 중립적인 것은 아니란다. 때로 기술은 에베소서 6장 12절이 말하는 '정사와 권세'가 되어 우리의 삶을 위협할 수도 있지. 사람을 돕도록 만들어진 본래의 역할을 넘어 사람을 노예 삼는 정사와 권세의 속성이 휴대전화에도……."

"저는 휴대전화의 노예가 아닌데요. 그냥 제가 쓰는 것뿐이에요."

오덕은 샐쭉한 표정을 지으며 호당 선생의 말을 잘랐다. 호당 선생의 얼굴이 약간 붉어졌다. 호당 선생은 고개를 좌우로 몇 번 젖힌 후 숨을 깊이 들이쉬더니 차분하게 다시 말했다.

"그래, 너를 휴대전화의 노예라고 단정한 것은 아니다. 하나 내 말을 잘 듣고 혹시나 네가 해당되는 것이 있는지를 한 번 생각해 보거라. 휴대전화는 인간이 하나님과 맺는 바른 관계, 곧 '영성'을 크게 세 가지 점에서 위협하고 있단다."

"세 가지씩이나요?"

호당 선생은 고개를 앞뒤로 천천히 끄덕거리며 말했다.

"더 있겠지만, 일단 생각나는 것만 해도 세 가지나 된다는 말이지. 첫째, 휴대전화로 인하여 인간은 '홀로 있음'의 영성을 잃어 가고 있단다. 언제 어디서나 우리를 찾아내어 호출하는 전화와 메시지들로 인하여 최소한의 고독조차 위협받게 되었지. 물론 기도와 묵상을 위한 '고독의 시공간'을 확보하는 데는 언제나 큰 결단이 필요하지만, 휴대전화를 놓지 못하는 사람에게는 거의 불가능한 결단이라고 해도 과언이 아니란다."

"……."

오덕은 입술을 살짝 깨물고 호당 선생의 말을 들었다.

"둘째, '존재'(being)의 영성이 위협받는 점도 심각하게 생각해 보아야 한단다. 전화나 메시지의 빈도에서 자신의 존재 가치를 찾으려 하는 사람이 적지 않더구나. 연락해 오는 사람이 없어서 침울해 하는 사람도 있고, 큰 소리로 통화하면서 '나 이런 사람이야'라고 외치는 듯한 사람도 있지. 무심결에 휴대전화에 의지해 자신의 정체성을 확인하다 보면 자연스럽게 '하나님 나라의 백성'이라는 존재의 영성이 약화되지."

버스가 흔들려서 그랬을까? 오덕의 반대편에 앉아 있던 사람은 호당 선생이 '나 이런 사람이야'라는 이야기를 할 때 고개를 위아래로 크게 끄덕였다.

호당 선생은 말을 이어 갔다.

"이 둘뿐만 아니라 매우 심각하게 위협받는 것은 '공동체와 관계의 영성'이 약화되는 것이란다. 관계는 '신뢰'를, 신뢰는 '기다림'을 전제로 하는 것인데 상대가 전화를 받지 않으면 신뢰하기보다 불신하기 쉬운 것이 사람의 본성이며, 자신의 메시지에 즉시 반응하지 않으면 조바심을 내는 것 역시 사람의 본성이지 않더냐."

오덕은 호당 선생의 말을 듣는 한편 곁눈질로 휴대전화 메시지 창을 들여다보고 있었다. 호당 선생은 오덕의 휴대전화를 빼앗아 흔들며 말했다.

> "함께 있으나 서로를 보지 않고 휴대전화를 바라보니, 얼굴과 얼굴을 맞대는 관계 사이에서 오는 교감과 헌신이 약화되는 것은 당연한 결론 아니겠느냐!"

"어, 어르신······."

　호당 선생은 눈으로는 오덕의 당황한 표정을 보았고 귀로는 옆자리 남자의 목소리를 들었다. 남자의 목소리는 나지막했지만 마치 털가죽옷 입은 예언자의 그것처럼 야성이 넘쳤다.

"던져!"

　잠시 갈등을 하던 호당 선생은 오덕에게 휴대전화를 돌려주었다.

　"휴대전화는 분명 '효율성'을 선사하는 도구란다. 그러나 효율성 이면에 있는 기술 권력을 인식하고 성경적 생활양식을 개발하고 살아 내는 일상생활의 영성이 있을 때에라야 공동체를 세우고 관계를 풍성하게 하는 '사랑의 도구'가 될 수 있단다."

"그냥 던지지."

낮은 목소리는 환청처럼 호당 선생의 귀에 울렸다.

> [참고] 이번 장은 호당 선생의 실제 모델이 된 일상생활사역연구소 정한신 연구원의 "'호모 텔리포니쿠스'와 생활의 소명"을 기초로 구성된 이야기이다(IVF 월간지 〈대학가〉의 '거듭난 일상' 코너에 게재됨).

| 오퍼상은 영어 단어 'offer'에서 파생된 말로 '소규모 무역 상인'을 말한다.

"결제 금액이 5만 원 이상이라야 할부가 되던가?
오덕아, 너도 할부 금액에 맞추기 위해 계획에 없던 물건을
추가로 산 경험이 있지?"

15
호당 선생, 신용카드를 말하다

버스가 멈추고 움직이기를 거듭하며 많은 사람이 타고 내렸다. 그 가운데는 "신발"을 읊조리던 사람도 포함되어 있었다. '신발남'이 내리고 꽤 많은 시간이 흐르는 동안 오덕은 휴대전화를 계속 들여다보고 있었다. 호당 선생은 짧은 한숨과 함께 말을 내뱉었다.

"아직도 팀원들과 의사소통할 것이 많이 남은 게냐?"

"아, 그건 대강 마무리했습니다. 지금은 여자 친구 선물을 고르느라……."

오덕은 휴대전화에서 시선을 떼지 않은 채 입을 헤벌쭉 벌리며 웃었다. 호당 선생의 양쪽 입꼬리가 부드럽게 올라갔다.

"좋을 때로구나. 무얼 해주려고 하느냐?"

"받고 싶은 것을 물어보니 '가방'이라고 하더군요. 딱 잘라 말해 주니 차라리 마음은 편합니다. 그런데 여자 친구가 찍어 준 가방들은 하나같이 비싸서……."

"그래?"

슬며시 오덕의 휴대전화 화면을 본 호당 선생의 얼굴이 딱딱하게 굳었다. 호당 선생은 고개를 갸웃거리며 말했다.

"오덕아, 네가 이런 선물을 할 여력이 되느냐?"

"어르신, 제가 캐쉬(cash)는 없어도 크레딧(credit)이 있습니다."

오덕은 어깨를 으쓱거리며 과장된 말투로 대답했다. 그러자 호당 선생의 얼굴이 더욱 굳어졌다.

"현금은 없으나 신용은 있다? 신용카드로 살 생각을 하고 있는 게로구나."

"그럼요, 어르신. 이렇게 비싼 물건을 어떻게 현금으로 사겠습니까? 장기간 무이자 할부가 가능한 온라인 쇼핑몰을 찾는 중이지요."

오덕은 문득 이상한 느낌에 말을 멈추고 호당 선생의 얼굴을 바라보았다. 호당 선생은 수염을 매만지며 한숨을 쉬고 있었다.

"어르신, 너무 걱정하지 마십시오. 이렇게 한 번씩 큰 물건을 사면 쇼핑몰과 카드사 양쪽에 포인트도 적잖이 적립되고, 아무튼 혜택도 쏠쏠합니다."

"그래, 혜택이 있기야 하겠지……."

호당 선생은 크게 심호흡을 한 후 말을 이었다.

"오덕아, 혜택 운운하는 걸 들으니 주객전도의 전형적인 사례를 목격하는 것 같구나."

"아침부터 너무하시는 것 같습니다, 어르신. 아까는 저를 휴대전화의 노예 취급하시더니……. 어르신은 신용카드를 전혀 쓰지 않으십니까?"

오덕의 볼멘소리에 호당 선생은 굳은 표정을 누그러뜨리며 대답했다.

"쓰지. 그리고 사실 나도 마음껏 카드를 긁고 싶을 때가 많고."

"정말요?"

오덕은 반색했다. 그렇지만 호당 선생은 고개를 떨구며 말했다.

"그럼. 하지만 카드를 쓸 때마다 아내에게 알림 메시지가 전송되니 조심하는 중이고……. 내 딴에는 꼭 필요한 데에만 사용한다고 하는데, 아내는 카드 사용 자체를 싫어한단다."

"그럼 어르신은 필요한 만큼의 현금을 꼭 들고 다니셔야겠습니다."

"보통은 그런 편이지. 하지만 오늘처럼 특별한 일이 있어 멀리 움직여야 할 때는 아내도 조금은 봐주는 편이란다."

"아, 오늘은 신용카드를 좀 쓰시려고요?"

"여정에 꼭 필요하다면 써야지."

호당 선생은 고개를 끄덕이며 계속 이야기했다.

"오덕아, 내가 주객전도를 말한 것은 너를 비난하기 위해서가 아니었단다. 신용카드가 우리 삶을 편리하게 만들어 줄 수 있는 도구인 거야 분명한 사실이지. 하나 많은 경우, 필요에 따라 카드를 사용하는 데서 시작해 나중에는 혜택을 위해 계획에도 없던 방식으로 사용하게 될 때가 많음을 이야기하고 싶었던 거란다."

"그야 뭐 충분히 있을 수 있는 일이죠."

오덕은 잠시 가만히 있더니 입술을 삐죽거리며 대답했다. 호당 선생은 오덕의 침묵에서 무언가를 감지하고 입을 열었다.

"결제 금액이 5만 원 이상이라야 할부가 되던가? 오덕아, 너도 할부 금액에 맞추기 위해 계획에 없던 물건을 추가로 산 경험이 있지?"

"어떻게 아셨습니까? 안 그래도 어제……."

오덕은 밝은 표정으로 신나게 말을 하다가 갑자기 입을 다

물었다. 그리고 잠시 후 호당 선생의 눈치를 살피며 물었다.

"혹시 제가 유도 심문에 넘어간 건가요?"

"아직은 내 낚시질 솜씨도 쓸 만하구나. 오덕아, 그게 어찌 너만의 일이겠느냐. 게다가 너는 하나님 외에 다른 신을 섬기고 있지 않느냐."

호당 선생이 장난꾸러기처럼 웃으며 말하자 오덕의 표정이 얼어붙었다.

"예엣? 어르신 진짜 너무하시네요. 이번에는 배교자 취급이신가요?"

"왜, 아니더냐? '지름신'이 임했다고 네 입으로 말한 것을 몇 번 들은 바 있는데?"

"그거야 관용적인 표현이지요. 사고 싶은 게 있어 카드를 몇 번 긁었기로 그게 죄가 되나요? 그렇다면 죄인 아닌 사람이 몇이나 되겠습니까? 태어나 충동구매를 단 한 번도 하지 않은 사람만이 제게 돌 던질 자격이 있을 겁니다."

호당 선생은 오덕이 투덜거리는 것을 미소 띤 얼굴로 잠시 지켜보았다.

"성경은 신용카드에 대해 한마디도 하지 않고 있지."

"당연하지요."

오덕은 고개를 크게 끄덕였다.

"하나 돈에 대해서는 정말로 많이 말하고."

"그것도 맞지요."

호당 선생은 두 눈을 지그시 감고 말했다.

"문득 잠언의 구절이 떠오르는구나. '망령되이 얻은 재물은 줄어 가고 손으로 모은 것은 늘어 가느니라'(잠 13:11)와 '충성된 자는 복이 많아도 속히 부하고자 하는 자는 형벌을 면치 못하리라'(잠 28:20)는 구절이……."

"그게 카드랑 무슨 상관이 있다는 거죠?"

"물론 신용카드 자체가 '망령되이 얻은 재물'은 아니지. 하나 신용카드가 없다고 생각해 보거라. 꼭 사고 싶은 것이 생겼는데 당장 돈이 없으면 어떻게 하겠느냐?"

오덕은 쭈뼛거리며 입을 열었다.

"필요한 만큼 돈을 모으려고 애쓰겠지요."

"옳지! 그런데 지금은 어떠냐? 일단 신용카드로 사고 구멍 난 돈을 메우고 있지? 메우기가 곤란해지는 순간 '망령되이 얻은 재물'이 줄어 가는 것을 뼈저리게 경험할 수 있단다. 오덕아, 내 다시 한 번 강조하지만 신용카드 사용 자체를 죄악시할 필요는 없다. 그러나 그것이 갖는 위해함을 염두에 두지 않고 편리함에만 젖어 든다면 '형벌을 면치' 못할 상황이 올지도 모른단다."

말을 마친 호당 선생은 눈을 떴다. 오덕은 머리를 긁적이며 질문했다.

"그러면 형벌을 면하기 위해서는 어떻게 해야 할까요?"

"이는 단순히 신용카드 하나에 국한된 문제가 아니란다. 꽤 긴 이야기가 될 터인데 벌써 내릴 때가 되었구나. 내가 책 한 권을 일러 줄 테니 그것을 찾아 읽어 본 후에 다시 이야기하자꾸나. 적거라, 「돈 걱정 없는 우리집」."

오덕은 호당 선생이 불러 주는 제목을 휴대전화 인터넷 검색 창에 입력했고 호당 선생은 버스에서 내리기 위해 짐을 챙겼다.

| 김의수, 「돈 걱정 없는 우리집」, (서울: 비전과리더십, 2009).

"옳거니! 사랑하는 이를 만나 밀어를 속삭이는 것은
그 자체로 하나님의 창조를 완성해 가는 행위로다!"

16
호당 선생, 연애를 말하다

"어르신, 기차 타시려고요?"

"그래, 오덕아. 나 먼저 내릴 테니 여기서 인사하자꾸나."

짐을 챙겨 일어선 호당 선생은 오덕을 향해 한쪽 눈을 찡긋거렸다. 잠시 후 버스가 멈추자 그는 내렸고 오덕이 앉은 좌석 창가로 다가갔다. 하지만 오덕은 어느새 고개를 숙인 채 휴대전화를 들여다보고 있었다. 호당 선생은 어깨를 으쓱하고는 뒤로 돌아 걷기 시작했다. 그가 향하는 방향에는 기차역이 있었다.

잠시 후 호당 선생은 주위를 두리번거렸다. 기차표는 구입했는데 시간이 애매하게 남았기 때문이었다. 호당 선생은 다시 어깨를 으쓱거리며 역 안에 있는 작은 카페를 향해 걸음을 옮겼다.

"잠시만요!"

목소리가 귀에 와 닿는 것과 동시에 누군가 나타나 호당 선생을 밀치며 카페에 먼저 들어가 버렸다. 타의에 의해 걸음을 멈춘 호당 선생은 헛웃음을 지었다. 호당 선생은 방금 자신을 밀친 한 남자와 그를 기다린 것처럼 보이는 한 여자의 뒷모습에 시선을 고정시켰다. 그들은 주문대에 엎드리듯 상체를 기대고 있었는데, 알록달록한 형광색의 등산복이 눈을 찌르는 듯했다.

"오빠는 뭐 먹을 거예요옹?"

"우리 애기가 단 거 좋아하니까 치즈 케이크 하나 시킬까?"

"우웅? 안 돼요옹! 요즘 나 살쪘단 말이에요옹."

"그게 무슨 말도 안 되는 소리야? 우리 애기 이렇게 날씬한데."

결코 엿들으려는 의도는 없었다. 단지 두 사람의 목소리가 몹시 컸을 뿐이었다. 호당 선생은 "그게 무슨 말도 안 되는 소리야?"라고 크게 외치고 싶은 것을 참기 위해 주먹을 지그시 말아 쥐었다.

'그래, 참자. 한창 좋을 때니······.'

주문대 앞에서 자기들끼리 이야기를 주고받느라 정작 주문은 하지 않고 있던 두 사람, 호당 선생은 그들 뒤에서 심호흡을 하며 기다렸다. 그리고 마침내 그들이 주문을 마치고 돌아섰을 때 호당 선생의 눈동자에 등산복의 형광색이 반사되었다.

'생각보다 나이가 좀 있는 커플이군. 부부일까 아니면 다른 관계일까?'

"주문 도와드릴까요?"

남의 사정에 지나치게 몰입한 나머지 호당 선생은 직원의 말을 흘려들었다.

"손님?"

"아, 미안해요. 어디 보자…… 혹시 여기에 아이스 핫초코 같은 게 있나요?"

"예에, 아이스 핫초코로 주문 도와드릴까요?"

"오오! 정말로 있습니까? 아이스 핫초코?"

호당 선생은 '아이스'와 '핫'을 강조해서 되물었다. 직원이 큰 웃음 터트릴 것을 기대하면서……. 하지만 직원의 얼굴에 스치고 지나간 것은 짜증이었다. 호당 선생은 "실패!"라고 조용히 중얼거리며 핫초코를 주문했다.

"미안해요, 많이 힘들 텐데 재미없는 농담이나 해서……."

"주문하신 핫초코 나왔습니다."

직원은 사무적인 말투로 쟁반을 내밀었다. 호당 선생은 '농담 한 번 잘못한 게 무슨 죽을 죄라도 된단 말이냐?'라고 생각하며 빈자리를 찾기 위해 카페 안을 둘러보았다. 그런데 세상에! 하필 등산복을 입은 그 남녀 바로 옆자리만이 남아 있는 것이었다. 호당 선생은 한숨을 길게 내쉬며 그 자리에 앉았다.

"음……."

핫초코를 한 모금 마시자 호당 선생의 얼굴에 미소가 드리워졌다. 당분이 주는 놀라운 심리 치료 효과였다. 몇 모금 더 마시자 등산복 남녀의 애정 행각이(특히 "안 돼요옹"이라며 과도한 비음을 사용하는 여자의 목소리가) 더 이상 부담스럽게 들리지 않았다. 오히려 그들의 대화는 호당 선생으로 하여금 과거를 회상하게 만들었다.

아내와 결혼하기 전 기차 여행을 간 기억……. 완고한 장인의 허락을 받기 위해 기차 안에서 밤을 보내고 도착해서는 일출만 보고 바로 돌아오는 '무박 이일' 기차표를 보여 드리며 온갖 감언이설을 늘어놓았던 그때의 기억이 떠올랐다.

"오빠, 오빠는 절대 나 떠나면 안 돼요옹. 나 그동안 정말 박복했단 말이에요옹."

"우리 애기, 왜 그런 소릴 해? 그동안 사랑에 실패한 건 우리가 서로 만나려고 그랬다는 걸 모르겠어? 우리 사랑은 영원할 거야. 이리 와 봐!"

"안 돼요옹! 사람들이 보잖아요옹."

호당 선생은 마치 흑백 영화에서나 나왔을 법한 유치한 대화를 들으며 문득 성경의 한 부분을 떠올렸다.

"'이는 내 뼈 중의 뼈요 살 중의 살이라……'(창 2:23). 어째 생각하니 이것도 참 유치하군. 사랑하는 이들의 밀어(密語)라는 것이 본디 그러한 탓이겠지? 제 삼자에게는 유치하고 진부해도 당사자들에게는 한없이 달콤하고 신선한 것! 천지를 지으시고 늘 보기 좋다고 하셨던 주님께서도 사람이 독처하는 것만은 좋지 않다 말씀하셨지. 옳거니! 사랑하는 이를 만나 밀어를 속삭이는 것은 그 자체로 하나님의 창조를 완성해 가는 행위로다!"

호당 선생은 무릎을 치며 가방에서 성경을 꺼냈다. 그는 창세기를 펼쳐 아담과 하와가 처음 만나는 장면을 거듭 읽었다.

> "참으로 아름답다. 오죽하면 성경의 많은 부분에서 하나님과 당신의 백성 사이를 연인 관계에 빗대어 묘사하였을까?"

호당 선생은 한결 너그러운 마음으로 등산복 남녀의 언행을 지켜볼 수 있었다. 그는 핫초코를 마시며 매일 성경을 읽어 오던 순서에 따라 마태복음 19장을 펼쳤다. 공교롭게도 복음서는 결혼과 이혼의 문제에 대해 말하고 있었다. 호당 선생은 인상을 찡그리며 턱수염을 매만졌다.

"'어미의 태로부터 된 고자도 있고 사람이 만든 고자도 있고 ……'(마 19:12). 단순히 생식 능력이 없다는 말은 아닐 터, 예수님은 하나님 나라를 위해 스스로 결혼하지 않기를 결단하는 사람에 대하여도 긍정하고 계시는구나. 하기야 마가복음 12장에서도 부활 이후의 삶은 결혼 관계를 넘어서서 완전히 새로운 관계로 이루어질 것을 말씀하셨지. 아, 요즘은 경제적인 이유로 결혼을 미루거나 아이 낳기를 포기하는 젊은이들도 적지 않다 하던데…… '결혼은 꼭 해야 한다'거나 '연애는 결혼을 전제로 해야 한다'는 말도 다시 생각해 보아야겠구나."

호당 선생은 남의 시선은 아랑곳하지 않고 '영원한 사랑'을 부르짖는 사연 많은 등산복 남녀를 바라보며 깊은 생각에 잠겼다.

호당 선생,
일상을 말하다

"주님, 드라마를 통해
고단한 현실을 잠시나마 잊게 해주시고,
어릴 적 꾸었던 꿈을 기억나게 해주신 은혜에 감사드립니다."

17
호당 선생, 드라마를 말하다

등산복 남녀의 애정 행각을 바라보던 호당 선생은 슬며시 미소 지으며 휴대전화를 꺼내 들었다. 두 사람을 보고 있자니 집에서 자신을 애타게 기다릴 아내가 떠올랐기 때문이었다. 호당 선생은 휴대전화에 등록된 이름 '甲'(갑)을 힘껏 눌렀다. 잠시 후 신호음이 들렸다. 하지만 통화는 꽤 오랜 시간이 지난 후에야 가능했다.

"여보세요……."

"왜요?"

뭐라 말을 꺼내던 호당 선생은 아내의 짧은 물음에 이야기를 멈출 수밖에 없었다.

"무슨 일이냐니까요?"

"……."

생각해 보면 늘 그랬다. 자신이 힘들게 장문의 문자 메시지를 보내면 아내는 한두 단어로 대답하거나 이모티콘만 보내올 때가 많았다. 등산복 남녀의 달달한 대화를 엿듣느라 잠시 아내가 어떤 사람인지 잊었던 게 이런 민망한 상황을 불러왔다.

"벌써 도착했어요?"

"아니…… 기차 타려고 기다리는 중이오."

"조심해서 다녀오시구려."

호당 선생의 미간에 세로줄이 잡혔다. 이건 너무하지 않은가! 아내는 평소보다 더 성의 없이 대답하고 있었다. 마치 자신과의 통화가 귀찮기라도 한 것처럼…….

호당 선생은 포기하지 않고 최대한 다정한 목소리로 아내에게 물었다.

"여보, 뭐하고 있었소?"

"……."

"여보?"

대답이 들리지 않아 다시 아내를 부르자 휴대전화에서 날카로운 음성이 돌아왔다.

"아, 지금 중요한 대목인데 말 좀 시키지 말아요!"

"드라마 보고 있었소?"

"나중에 도착하면 전화해요!"

통화는 그렇게 끝났다. 호당 선생은 웃픈[1] 얼굴로 휴대전화를 주머니에 집어넣었다. 아내의 드라마 사랑이 새삼스러운 것은 아니었지만 조금 서러웠다. 문득 호당 선생은 오래전에 '어떤 주부의 하루'라는 제목으로 쓴 글을 생각했다.

전업주부 갑순 씨는 전쟁 같은 남편의 출근과 아이들의 등교 시간 직후 탈진한 표정으로 소파에 몸을 묻습니다. 갑순 씨는 혼신의 힘을 다하여 텔레비전 리모컨을 조작합니다. 텔레비전에서는 광고가 흘러나옵니다. 갑순 씨는 잠시 후 시작할 아침드라마를 기대하며 출근과 등교 전쟁의 피로를 훌훌 날려 버립니다. 이뿐만이 아닙니다. 온 가족의 저녁 식사 후 갑순 씨는 산더미같이 쌓인 설거짓거리를 빛의 속도로 처리합니다. 세월아 네월아 하다가는 일일 연속극 앞부분을 놓칠 수도 있기 때문입니다.

일일 연속극이 끝난 후 남편이 9시 뉴스를 보고 있을 때 갑순 씨는 간단한 세안을 마치고 침대에 눕습니다. 곧바로 잠들 듯한 자세지만 그건 아닙니다. 월요일과 화요일, 그리고 수요일과 목요일에는 9시 뉴스가 끝난 후에 방송되는 드라마를 봐야 하기 때문입니다. 드라마가 시작되자 갑순 씨는 계속 투덜거립니다. "세상에 저런 시어머니가 어디 있냐?", "왜 매번 저렇게 말도 안 되는 우연이 계속 생기는 거냐?" 갑순 씨의 이런 투덜거림에 남편은 "그럴 거면 왜 봐? 그냥 텔레비전 끄고 일찍 자자"라고 대꾸합니다만, 갑순 씨는 못 들은 척 외면하며 드라마 시청에 온 마음과 정성을 쏟습니다.

가끔은 몹시 피곤해서 한두 편 놓칠 때도 있지만 그래도 괜찮습니다. 주말에 재방송을 보면 되니까요. 그러고 보니 지난주 주말 연속극의 끝이 아련하게 기억납니다. 갑순 씨는 벌써부터 토요일 저녁이 기다려집니다.

호당 선생은 아내가 별로 달라지지 않았다는 것에 기뻐해야 할지 슬퍼해야 할지 갈피를 잡을 수 없었다. 아내는 여전히 드라마에 열광했고 매력적인 남자 배우와 남편을 비교하며 곤란한 상황을 만들곤 했다. 남자 주인공이 옷을 벗고 근육질 몸매를 뽐내는 날이면 아내는 호당 선생의 축 늘어진 살을 시도 때도 없이 꼬집으며 잔소리를 퍼부었다.

젊을 때는 호당 선생도 발끈해서 여배우의 미모를 칭찬하는 무리수로 대항해 본 적이 있었다. 하지만 그것이 사태를 악화시킬 뿐이라는 것을 경험으로 배운 후에는 같은 실수를 반복하지 않았다. 함께 살아온 긴 세월 동안 터득한 지혜 덕분에 간혹 아내가 "저 배우 참 예쁘지요?"라고 유도 심문을 해올 때에도 호당 선생은 "내 스타일은 아니군"이라고 대답할 수 있었다.

아, 달라진 것이 있기는 했다. 전에는 "저런 시어머니가 어디 있냐?"라고 반응했을 만한 장면에 이제는 "거참 고약한 며느리네"라고 반응한다는 점이 달라졌다.

> "하긴 나도 많이 변했지. 드라마 좋아하는 마누라랑 같이 살다 보니……."

호당 선생은 가볍게 웃으며 손때가 묻어 번들거리는 작은 수첩을 꺼냈다. 수첩의 첫 장에는 "日常祈禱"(일상기도) 넉 자가 세로로 쓰여 있었다. 호당 선생은 한 장 한 장 넘기며 연신 웃음을 지었다.

'설거지를 하며 드리는 기도', '빨래를 널며 드리는 기도', '똥 누며 드리는 기도' 등 다양한 제목의 기도문이 정성스런 글씨로 흐르고 있었다. 호당 선생 자신이 쓴 기도문과 다른 사람들의 기도문을 오랫동안 모아 만든 그만의 기도서였다.

호당 선생은 오래전 세상을 떠난 옛 친구의 기도문을 찾아 낮은 목소리로 읽기 시작했다.

주님, 드라마를 통해 고단한 현실을 잠시나마 잊게 해주시고, 어릴 적 꾸었던 꿈을 기억나게 해주신 은혜에 감사드립니다. 그러나 주님, 드라마를 볼 때에 수동적으로 화면만 멍하게 바라보지는 않게 하여 주십시오. 드라마 속의 이야기와 등장인물들을 보는 것으로 우리와 같은 시대를 살아가는 사람들의 아픔과 갈망에 대한 민감한 감수성을 길러 주십시오.

혹여 드라마에 묘사된 과장된 인간관계와 풍요로움 때문에 현실을 비관하지 않게 하여 주시며, 우리 자녀들이 그 과장된 이야기를 현실로 생각하지 않도록 더불어 대화하는 시간도 허락하여 주십시오.

주님, 아침부터 잠들기 직전까지 홍수처럼 밀려드는 드라마 속에서 익사하지 않게 해주십시오. 우리 하루 일과 속에 놀라운 드라마, 이야기 중의 이야기인 하나님의 말씀이 넘실거리도록 하여 주십시오.

기도문을 다 읽은 호당 선생의 눈가가 붉어졌다. "아내는 드라마 중독자다"라고 투덜거리던 자신에게 "도박이나 마약에 빠진 게 아닌 걸 감사해"라며 위로인지 희롱인지 알쏭달쏭한 말을 하던 친구가 생각났다.

그리고 젊은 나이에 세상을 떠난 아버지를 뒤따르듯 바로 얼마 전 세상을 떠난 친구의 아들이 생각났다. 호당 선생은 엄지와 검지로 눈두덩을 잠시 눌렀다.

"음악을 듣고 싶구먼."

호당 선생은 중얼거리며 일어섰다. 기차 시간이 다 되었다.

| '웃프다'라는 말은 '우스운데 슬프다'는 뜻의 인터넷 신조어다.

"참으로 하나님의 백성은
노래하는 백성이라 불러도 과언이 아니다.
삶의 모든 순간에 대한 노래가 성경에 가득하구나."

18
호당 선생, 음악을 말하다

기차에 올라탄 호당 선생은 자리에 앉아 가방을 뒤지면서 인상을 찌푸렸다.

"빠뜨리고 온 것인가? 그럴 리가 없는데……."

오래도록 써 온 소형 카세트가 없어진 것이었다. 호당 선생은 허망한 표정을 지으며 비비 킹[1]과 스티비 레이 본[2]의 테이프를 주물럭거렸다. 특유의 비브라토와 따뜻한 톤으로 연주되는 〈The Thrill is Gone〉이 듣고 싶었고, 스트라토캐스터에 대한 편견을 한 방에 깨뜨려 준 거친 톤의 〈Rude Mood〉[3]가 듣고 싶었다. 그러나 카세트가 없었다.

호당 선생은 느릿느릿 테이프를 귓가에 가져갔다. 뒤늦게 기차에 탑승한 사람들은 신기한 얼굴로 호당 선생을 훔쳐보았다. 흔히 볼 수 없는 카세트 테이프가 신기한 것인지, 아니면 테이프를 바로 귀에 대는 호당 선생이 신기한 것인지는 알 수 없었다.

결국 호당 선생은 모든 것을 포기한 채 테이프를 가방에 넣었다. 그는 의자에 몸을 기댄 채 기차의 출발을 기다렸다. 가벼운 진동과 소음이 몸으로 느껴졌다. 기차의 규칙적인 움직임이 마치 밴드의 드럼과 베이스 기타 소리처럼 느껴졌다. 호당 선생은 눈을 감고 진동을 즐기기 시작했다. 그러자 여기저기서 소곤거리는 목소리가 들렸다. 마치 드럼과 베이스 기타가 연주하는 리듬 위에 얹힌 멜로디 라인 같은 목소리들……. 호당 선생은 기차 안의 다양한 소리들이 만들어 내는 음악을 온몸으로 즐기기 시작했다. 그러자 정차 알림 방송까지도 피처링(featuring)으로 들렸다.

"아……. 음악은 모든 곳에 있구나!"

결국 호당 선생은 참지 못하고 나지막이 탄성을 터뜨렸다. 어떤 블루스 대가의 연주보다 더 블루지(bluesy)한 세계가 여기 있었다. 호당 선생은 창조주가 연주하시는 최고의 블루스를 감상하는 데 모든 마음을 쏟았다. 결국 내려야 할 곳을 지나쳐 버렸다.

"저, 저기······."

호당 선생은 기차 안의 직원을 만났다. 그의 얼굴이 붉다 못해 타 버릴 것처럼 달아올라 있었다. 사정을 들은 직원은 친절한 표정으로 기차를 갈아탈 곳을 안내해 주었다. 호당 선생은 기차 안의 음악에 관심을 끊고 오직 하차에 정신을 집중했다.

잠시 후 호당 선생은 안내 받은 역에서 하차하고 30분 정도 기다려 돌아오는 기차를 갈아탔다. 그런데 호당 선생의 뒷자리에는 어디를 다녀오는지 낮부터 불콰한 얼굴의 두 남자가 앉아 있었다.

특별히 음주에 편견이 있는 것은 아니었으나 그들이 숨을 내쉴 때마다 뿜어지는 술 냄새는 견디기 힘들었다. 아니, 그들이 부르는 트로트 가요 소리가 더 견디기 힘들었다.

"고객님 죄송합니다만······."
"아, 미안합니다! 조용히 하겠습니다!"

직원이 다가와 제지하면 고개를 꾸벅 숙이며 사과하지만 사라지면 다시 볼륨이 높아졌다.

호당 선생은 눈을 감았다. 기차의 진동이 만들어 내는 블루스는 더 이상 들리지 않았다. 뒷자리 남자들의 트로트 소리가 몹시 컸기 때문이었다.

'트로트라…… 트로트 자체를 싫어하는 것은 아니지만 이 상황은 견디기 힘들구나. 물론 내가 트로트보다 블루스를 더 좋아하는 건 사실이지만…… 아니, 아니, 이건 장르의 문제가 아니야!'

호당 선생은 음악 감상을 포기하고 음악에 대한 생각을 하기 시작했다.

'성경 속 최초의 음악가는 수금과 퉁소를 잡는 모든 자의 조상으로 기록된 유발이었을까? 아니면, "아다와 씰라여 내 소리를 들으라 라멕의 아내들이여 내 말을 들으라 나의 창상을 인하여 내가 사람을 죽였고 나의 상함을 인하여 소년을 죽였도다 가인을 위하여는 벌이 칠배일진대 라멕을 위하여는 벌이 칠십 칠배이리로다"(창 4:23-24)라는 운율 있는 이야기를 남긴 유발의 아버지 라멕이었을까? 좌우지간 음악성 출중한 부자였군.'

호당 선생은 피식 웃으며 성경 속의 노래들을 하나씩 생각했다. 가장 먼저 홍해를 통과한 이스라엘 백성이 불렀던 노래가 생각났고(출애굽기 13장 참조), 마리아가 엘리사벳을 만나고 불렀던 노래, 흔히 '마리아 찬가'(the magnificat)로 알려진 노래가 생각났다(누가복음 1장 참조).

다윗이 사울과 요나단의 죽음을 슬퍼하며 부른 활 노래(사무엘하 1장 참조)가 생각날 때쯤엔 너무 많은 노래가 동시다발적으로 호당 선생의 뇌리를 두들겼다. 시편의 노래는 아직 단 한 편도 생각하지 않았음에도…….

"참으로 하나님의 백성은 노래하는 백성이라 불러도 과언이 아니다. 하나님의 구원을 찬송할 때는 물론이고 결혼할 때, 장례를 치를 때, 아이가 태어날 때, 일을 할 때, 싸움터에 나갈 때…… 삶의 모든 순간에 대한 노래가 성경에 가득하구나.

심지어 사울 왕은 다윗의 수금 소리에 제정신을 찾았고, 엘리사는 거문고 연주를 들으며 그 감동에 힘입어 예언하기까지 했으니, 음악은 진정 하나님이 주신 값진 선물임이 틀림없다! 음악을 통해 하나님을 찬송하고 당신의 일하심을 기억하는가 하면 사람을 치유하고 기쁨과 슬픔을 나누기도 하니 하나님이 음악을 선물로 주지 않으셨다면 우리 삶이 얼마나 건조했을까?"

이렇게 중얼거리며 뒷자리를 흘낏 보니 어느새 두 사람은 코를 골고 있었다.

호당 선생은 두 손을 모으고 기도했다.

"온 우주의 하모니를 창조하신 하나님 아버지, 우리에게 음악이라는 선물을 주셔서 감사합니다. 음악을 통하여 인생을 노래하고 마음과 생각을 표현하고 공동체를 이루며 아버지께 찬양과 영광을 돌릴 수 있게 하시니 그 풍성한 은혜에 또한 감사합니다. 모든 장르의 음악을 통하여 거룩한 예배를 드리기 원하오니 음악을 만들고 듣는 모든 이를 성령으로 이끌어 주시옵소서.

또한 셀 수 없는 음악의 홍수 속에서 아버지께 영광을 돌려드리고 인간을 참 인간답게 하는 좋은 음악을 분별하는 지혜도 허락해 주시옵소서. 일상 가운데 늘 음악을 만들고, 일상의 음악 속에 임재해 계신 아버지를 만나는 기쁨이 더욱 풍성해지게 하여 주소서. 주 예수 그리스도의 이름으로 기도드립니다. 아멘."[4]

기도를 마치자 다시 드럼과 베이스 기타 소리가 들렸다. 이번에는 두 남자의 코고는 소리가 피처링으로 들리기 시작했다.

---

[1] 비비 킹(B. B. King, 1925-2015)은 블루스 음악의 대부격인 싱어송 라이터다. 롤링 스톤지 선정 역대 최고의 기타리스트 3위.〈The Thrill is Gone〉은 롤링 스톤지 선정 역사상 가장 위대한 500곡에 포함되어 2004년 183위, 2010년 185위를 기록)로 뽑혔다.

[2] 스티비 레이 본(Stevie Ray Vaughan,1954-1990)은 35세에 요절한 전설적 블루스 기타리스트다. 펜더사의 기타 모델인 스트라토캐스터가 낼 수 있는 궁극의 소리를 만들어 낸 인물로도 유명하다.

[3] 〈Rude Mood〉는 스티비 레이 본의 곡으로 속주 기교는 물론이며 그루브한 리듬감이 탁월한 명곡이다.

[4] 이 기도문은 호당 선생의 실제 모델인 일상생활사역연구소 정한신 기획연구위원이 작성한 것이다.

호당 선생,
일상을 말하다

"지성이 네 이놈, 이 할애비가 십 년만 젊었으면
너는 공 만져 볼 일도 없었을 게다."

19
호당 선생, 운동을 말하다

"네가 지성이로구나."

"……."

소년은 대답 없이 호당 선생을 올려 보았다. 호당 선생은 조금 전 동네 사람과 나눈 대화를 떠올렸다.

"지웅 선생님이 그렇게 가시고 우리 동네에서 슬퍼하지 않는 사람이 없었습니다. 낮에는 저희와 함께 일하고 저녁에는 아이들을 모아 글을 가르치셨습죠. 부끄럽습니다만, 이 동네 사람들은 밥만 간신히 먹을 형편이라서 지웅 선생님 아니었으면 아이들도 자기 부모처럼 까막눈을 면하지 못했을 겁니다."

호당 선생은 이어지는 이야기를 들으며 눈물을 삼켰다.

"안 그래도 지웅 선생님이 종종 어르신 말씀을 하셨습니다.

돌아가신 아버님과 막역한 사이긴 했지만, 그래도 피 한 방울 안 섞인 자기를 친아들처럼 길러 주신 은혜는 평생 잊을 수 없다고요. 여기서 이렇게 사는 것도 다 그 은혜를 다른 사람에게 나누어 주고 싶어서라고 하셨습니다."

"우리 부부에게 지웅이는 아들이었습니다. 아들처럼 키우려고 따로 애쓰지 않았지요."

동네 사람은 고개를 끄덕이다가 문득 굳은 표정으로 말했다.

"그런데 어르신, 지웅 선생님에게 남은 가족이 있는데……."

"아니, 그게 무슨 말씀이십니까? 지웅이가 가정을 이루었다는 연락은 받은 바가 없는데요?"

"결혼하신 건 아니고…… 사고로 부모를 잃은 아이를 데려다 기르셨습죠. 마침 성씨도 같으니 아들 삼으면 되겠다고 하시면서요."

호당 선생의 눈이 반짝였다. 우여곡절 끝에 여기까지 왔지만 지웅의 죽음을 추모하는 동네 사람들로 인해 장례까지 다 끝난 상황이었다. 뭐가 혹은 누가 되었든 자그마한 연결 고리라도 있다면 꼭 만나고 싶었다. 그래서 호당 선생은 소년을 찾아갔다.

소년은 호당 선생의 시선을 피하며 발로 무언가를 툭툭 건드렸다. 지푸라기를 꼬고 감아서 둥글게 만든 공이었다.

"흐음……."

호당 선생은 소년과 지푸라기 공을 번갈아 바라보더니 가방을 벗어 바닥에 내려놓았다. 그러고는 백발이 무색한 발놀림으로 지푸라기 공을 빼앗았다.

"아, 뭐예요?"

"재주 있거든 한번 빼앗아 보거라!"

소년은 황소처럼 씨근덕거리며 호당 선생에게 달려들었다. 하지만 호당 선생의 헛다리질 몇 번에 소년은 공을 만져 보지도 못한 채 숨만 거칠게 몰아쉬었다.

"어서 가져가 보래두."

"아이씨……."

빈정거리는 투로 말하자 소년의 얼굴이 시뻘겋게 달아올랐다. 호당 선생은 멧돼지처럼 달려드는 소년을 보며 입가에 미소를 지었다.

'이제야 좀 아이다운 표정이 나오는군!'

십 분 쯤 흘렀을 때 호당 선생은 결국 공을 빼앗겼다. 체력이 고갈된 것이었다. 호당 선생은 자리에 털썩 주저앉으며 엄살을 부렸다.

"아이고 죽겠다. 이 나이 먹고 무슨 미친 짓을 한 거람? 지성이 네 이놈, 이 할애비가 십 년만 젊었으면 너는 공 만져 볼 일도 없었을 게다."

"제가 삼 년만 더 컸으면 일 분 안에 뺏었을 거예요."

"어쭈!"

호당 선생의 입꼬리가 치켜 올라갔다. 함께 땀을 흘린 덕일까? 비록 쏘아 붙이는 말투긴 했지만 소년도 호당 선생의 말에 보조를 맞추었다. 호당 선생은 가방에서 초콜릿 바를 두 개 꺼내서 하나를 소년에게 던져 주었다.

"당 떨어질 텐데 이거라도 하나 먹거라."

"……"

소년의 눈빛이 변했다. 소년은 잠시 침묵하더니 입을 열었.

"혹시 단 걸 좋아하는 할아버지신가요?"

"그래. 지웅이가 이야기하더냐?"

"예…… 아버지가……."

호당 선생은 말없이 고개 숙인 소년의 어깨를 쓰다듬었다. 악다문 입술 사이로 비집고 나오는 흐느낌 소리, 그리고 어깨의 들썩거림을 느끼며 호당 선생은 말했다.

"발놀림이 제법이던데, 공 차는 거 좋아하니?"

"…… 예. 아버지랑 자주 했어요. 아버지는 '앉아서 명상만 한다고 영적인 삶이 살아지는 게 아니라'는 말씀을 하시면서 이 공도 만들어 주셨고요."

"그래? 조금 더 말해 보겠니?"

소년은 잠시 주저하는 것 같더니 이내 유창하게 말하기 시작했다.

"운동을 통한 영적 삶이란 크게 두 가지 부분에서 생각할 수 있다고 하셨어요. 첫째는 운동이 갖는 특성을 통해 영적인 삶, 혹은 하나님 나라의 특징을 묵상할 수 있다는 것이에요. 음, 그러니까…… 다른 사람들과 함께 승리를 위해 땀 흘리는 것에서 공동체의 가치를, 운동의 즐거움에서 하나님이 창조하신 놀이의 가치를 묵상하는 것 등이 첫 번째예요. 그리고 둘째는 운동을 하면서 영성과 몸에 대한 생각을 바르게 정돈할 수 있다고 하셨어요. 하나님이 주신 몸을 잘 다스리고 개발하는 과정을 빼고는 절대 온전한 영성을 말할 수 없다고 하시면서요."

"지웅이에게 들었다고? 기억력이 제법이구나. 그러면 운동이 갖는 부정적인 면은 없다던?"

소년은 아랫입술을 살짝 내밀며 생각을 떠올리더니 다시 입을 열었다.

"음...... 축구는 본래 영국 노동자 계급에서 성행한 운동이었는데, 신분에 따른 차별이 강했던 영국 사회에서 갈등을 무마시키는 역할을 했다고 하셨어요. 그리고 지금도 국가대표끼리 시합하는 A매치는 사람들이 다른 갈등이나 고민을 하지 못하도록 무마시키는 면이 있다고 하셨어요. 뭐라더라, '국가주의의 도구' 같은 말씀도 하셨고요."

"그 녀석답구나. 맞다, 운동은 하나님 나라를 묵상하게 하고 몸의 영성을 체득하게 인도하는 한편, 국가주의와 물신주의의 도구가 되어 진정한 영성을 가로막기도 하는 양면성을 가지고 있단다. 어려운 이야기가 많은데 제법 잘 기억하고 있구나. 네 나이가 몇 살이지?"

"열두 살이요."

호당 선생은 소년의 얼굴을 다시 보았다. 눈물 자국이 아직 남아 있었지만, 강한 눈빛에 고집스러운 입매가 인상적인 얼굴이었다.

'영특한 아이로구나. 이 지푸라기 공은 내가 지웅이에게 만들어 준 것과 비슷하게 생겼고. 아마 녀석이 만들어 줬겠지? 아, 이 아이를 어떻게 하나?'

호당 선생,
일상을 말하다

"책을 읽는다는 것, 그것은 하나님이 우리에게 허락하신
가장 위대한 실천 가운데 하나임이 틀림없단다."

20
호당 선생, 독서를 말하다

•
•

딴딴따 딴따단 딴따단~

원래는 웅장했을 음악이 초라하게 앵앵거렸다. 소년 지성은 반색하며 말했다.

"〈임페리얼 마치〉[1]네요."

"오…… 이 음악을 아는 게냐?"

소년은 고개를 끄덕였다.

"예, 아버지가 종종 입으로 흉내 내셨거든요. 웅장한 분위기를 내는 데 이만한 곡도 없다고 하시면서요."

"녀석…… 잠시만 기다리거라. 내 전화 좀 받고 오마."

호당 선생은 한쪽 눈을 찡긋거리며 자리를 옮겼다. 휴대전화 전면에는 발신자 정보가 '甲'이라고 표시되어 있었다.

"마을 사람들이 장례까지 다 끝내 놔서 내가 할 일은 거의 없었소. 음음…… 아니, 뭔가 있긴 한데, 그게 어디서부터 이야기해야 할지…… 그러니까……."

호당 선생은 한참을 주저하다가 "답답하게 말 돌리지 말고 그냥 이야기하세요!"라는 아내의 일갈에 지성을 만난 이야기를 해주었다. 잠자코 이야기를 듣던 아내는 "데려와요!"라고 딱 한마디 남긴 후 일일 연속극 할 시간이 되었다며 전화를 끊었다.

"기분 좋은 이야기를 들으셨나 봐요?"

"그래 보이니? 맞다. 기분이 참 좋구나."

통화를 마치고 돌아온 호당 선생에게 지성이 묻자, 호당 선생은 웃으며 소년의 머리를 쓰다듬어 주었다.

"그런데 갑甲이 누구예요?"

"아…… 그걸 알아 봤니?"

"간단한 한자니까요."

호당 선생은 '오덕이보다 낫구나'라고 생각하며 지성의 얼굴을 물끄러미 바라보았다.

"할아버지?"

"흠. 애야, 네 아비는 내게 친아들이나 다름없었단다. 나와 함께 가지 않으련?"

지성은 갑작스러운 이야기를 들었음에도 길게 생각하지 않고 고개를 끄덕였다.

> "아버지가 할아버지 이야기를 자주 하셨어요. 아버지를 믿으니까 할아버지도 믿을 게요."

"그래, 그래……."

호당 선생은 지성과 함께 길을 떠났다. 지웅의 장례를 도와준 마을 사람들에게 인사를 하고 얼마 되지 않던 지웅의 물건을 그들에게 나누어 준 다음이었다.

"정말 그걸로 충분하겠니?"

"그럼요……."

지성이 챙긴 물건은 가죽 표지가 너덜너덜해진 국한문 혼용 성경책뿐이었다.

"긴 여정이 될 테니 지치지 않도록 달달한 것이라도 좀 사자꾸나."

호당 선생은 기차역에 도착하자 매표소보다 매점에 먼저 들어가 초콜릿과 쿠키 등을 집어 들었다.

"너도 고르거라. 응?"

문득 이상한 느낌이 들어 돌아보니 지성은 과자를 고르지 않고 매점 한쪽에 진열된 책을 보고 있었다.

"책 좋아하니?"

"네……."

호당 선생은 지성의 기어들어가는 목소리를 들으며 감정이 교차하는 것을 느꼈다. 어른스러운 체, 당당한 체했지만 선뜻 책을 사 달라고 부탁하지 못하는 모습이 안쓰러웠다. 그리고 처음으로 드러낸 물욕物慾의 대상이 책이라는 게 기꺼웠다.

"들고 가기 무거우니 한 권만 고르거라. 집에 도착하면 마음껏 읽게 해주마."

"아……."

저혈당 쇼크가 온 사람이 포도당 주사를 맞았을 때의 표정이 그럴까? 지성의 얼굴은 순식간에 밝아졌다.

"녀석……."

호당 선생은 미소 지으며 지성에게 이야기했다.

"한데 지성아, 불교에서 수행자를 키울 때 처음에는 책을 보지 못하게 하는 걸 아니? 나무하고 불 때고, 밥 짓고 똥 푸는 일을 가장 먼저 시켰는데 그동안에는 책을 보지 못하게 했지. 경전부터 배우면 교만해지고 아는 것과 행하는 것이 동떨어지기 쉽다고 말이야."

"그럼 이 책도……."

지성이 다시 저혈당 쇼크 상태로 돌아가려 하자 호당 선생은 크게 웃었다.

"허허, 나는 불자가 아니니 염려 말거라. 책만 읽는 사람이 얼마나 위험한지 알려 주려고 한 말이니라. '생각하는 힘'을 얻는 데는 책만 한 게 없지. 토막 난 쪽글만 읽어서는 긴 호흡으로 생각하고 제대로 된 글을 쓰는 능력을 결코 갖출 수 없단다. 그리고 믿음의 선배들 가운데 많은 사람이 '책의 사람'이었지. 절대 다수가 하늘 아버지의 뜻을 잊거나 왜곡시킬 때도 오리게네스, 아우구스티누스, 루터, 칼뱅, 웨슬리 같은 선배들은 책을 통해 일그러진 진리의 원형을 복원해 내었단다. 책을 읽는다는 것, 그것은 하나님이 우리에게 허락하신 가장 위대한 실천 가운데 하나임이 틀림없단다."

호당 선생은 지그시 눈을 감고 말을 이었다.

"하지만 이 위대한 실천을 방해하는 두 가지 방해물이 있다. 첫 번째는 신앙의 신비로움을 강조하면서 책을 읽고 생각하는 이성적 활동을 통해서는 결코 그 신비의 근원에 다가갈 수 없다고 유혹하는 반지성적 성향이란다. 이러한 성향이 강한 사람은 종종 감각적인 경험을 더 중요하게 생각하며 책을 멀리하게 되지. 그리고 두 번째는 현실 도피를 위해 책을 읽는 성향이란다. 일상생활의 번잡함에서 벗어나 자기만의 동굴로 들어가기 위한 수단으로 책을 읽는다면, 하나님이 우리를 보내신 평범한 삶에서 점점 더 멀어지게 되지."

바스락 소리에 호당 선생은 눈을 떴다. 지성이 살금살금 책장을 넘기는 소리였다.

"그래…… 나는 네가 책 읽기의 위대함을 마음껏 누렸으면 좋겠다. 하나님은 책 읽기를 통해 우리로 하여금 삶에 대한 문제의식을 심화시킬 수 있게 해주셨단다. 읽거라. 더 많이 읽거라."

| 〈임페리얼 마치〉(Imperial March)는 영화 〈스타워즈〉(Star Wars) 시리즈 O.S.T에 수록된 곡이며, 다스 베이더(Darth Vader)의 테마 음악이다

호당 선생,
일상을 말하다

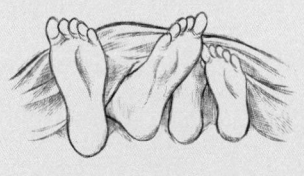

"한 번도 안하고 살 순 있지만, 한 번만 하고 살 순 없지.
나이 든 나도 그런데 젊은이들은 오죽할까?"

21
호당 선생, 성을 말하다

기차가 레일 위를 미끄러져 달리기 시작했다. 호당 선생은 달라지는 창밖 풍경을 바라보다 옆 자리에 앉은 지성을 향해 슬쩍 미소 지었다. 지성은 새로 산 책에 얼굴을 거의 파묻듯이 하고 있었다. 호당 선생은 말없이 그의 어깨를 두드렸다. 그러자 지성은 화들짝 놀라 책을 덮었다.

"괜찮다. 계속 읽거라, 지성아. 책 읽는 모습이 보기 좋아 그런 게야."

"네……."

지성은 기어들어갈 듯한 목소리로 대답한 후 다시 책을 펼쳤다. 그런데 호당 선생이 보니 책을 든 모습이 어딘가 부자연스러웠다. 손목이 꺾인 각도가 마치 책의 일부를 가리기 위해 억지로 만든 자세처럼 보였다.

"재미있느냐?"

"네? 네…… 네."

역시 놀라는 지성의 반응을 보며 호당 선생은 '역시 뭔가 있어. 그런데 「부활」에 가리고 싶은 부분이 있나? 거참 이상하군!'이라고 생각했다. 지성이 고르고 호당 선생이 사 준 첫 책, 톨스토이의 「부활」을 사이에 두고 일로일소一笑一少 사이에 미묘한 침묵이 오갔다. 그리고 잠시 후 책장을 넘기기 위해 손을 움직이려는 찰나, 호당 선생은 지성이 가린 부분을 볼 수 있었다.

…… 이 조카가 전쟁터로 가는 도중 고모네 집에 들러서 나흘 동안 묵었는데 떠나기 전날 밤 카츄샤를 유혹했다. 그리고 이튿날 아침 그녀의 손에 백 루블짜리 지폐를 한 장 쥐어 주고 떠났다. 그가 떠난 지 다섯 달 후에 그녀는 자기가 임신한 것을 알았다.[1]

호당 선생은 터지려는 웃음을 억지로 참았다. 저 짧은 구절에서 뭔가를 상상한 지성이 대견스럽기도 했고, 닳고 닳은 어른들이 보기엔 별것도 아닌 내용에 민감하게 반응하는 순수함이 귀엽기도 했다. 문득 호당 선생은 성을 '최후의 변경邊境'이라고 표현한 영국의 일간지 〈인디펜던트〉(Independent)를 떠올렸다.

"그게 아마 우주인들의 성욕에 대한 기사였지, 아마?"

"뭐라고요?"

"아니다. 읽던 거나 계속 읽거라. 허허."

호당 선생은 '성욕이란 말에 민감하게 반응하는 건가?' 하며 고개를 갸웃거리다가 생각을 이어갔다. 2004년 4월 영국에서 열린 우주 과학 심포지엄에서는 NASA가 계획하고 있는 화성 유인 우주 비행에서 승무원들의 성욕을 어떻게 억제할 것인가 하는 문제가 논의되었다. 지구에서 화성까지 우주선으로 왕복하는 데는 3년이라는 긴 시간이 필요하기 때문이었다.

> "한 번도 안하고 살 순 있지만, 한 번만 하고 살 순 없지. 나이 든 나도 그런데 젊은이들은 오죽할까?"

호당 선생은 수위 높은 혼잣말을 하며 생각에 잠겼다. 지금 지성은 「부활」의 한 구절에도 가슴이 뛰는 순수한 소년이다. 하지만 앞으로 자라면 훨씬 강한 자극에 노출될 것이다. 뒤늦게 다시 아이를 키우는 처지가 되자 덜컥 걱정이 되었다.

"주여, 저를 불쌍히 여기소서."

호당 선생은 간절한 마음으로 기도문을 읊조리며 성경을 펼쳤다. 생각난 김에 성경이 '성'을 어떻게 다루는지 확인해 보고 싶었다. 호당 선생과 지성은 책에 몰입했다.

시간이 얼마나 지났을까? 호당 선생은 관자놀이를 누르며 책에서 눈을 떼었다. 하지만 지성은 여전히 얼굴을 파묻을 듯한 자세로 책을 읽고 있었다. 호당 선생은 가볍게 미소 지으며 고개를 뒤로 젖혔다. 그리고 의자에 몸을 기댄 채 읽은 내용을 반추했다.

'음…… 성경은 성적 경험에 대한 본문을 참으로 다양하게 포함하고 있구나. 성을 긍정적으로 그리는 본문도 많고, 부정적으로 그리는 본문도 많고. 창세기 2장에서 하나님은 남자와 여자의 성적 결합을 자연스럽고 건강한 것으로 묘사하셨지. 성경이 성을 긍정적으로 말할 때는 부부 간의 관계를 전제하고 있다는 점을 우선 주목해야겠다.'

호당 선생은 "네 샘으로 복되게 하라 네가 젊어서 취한 아내를 즐거워하라 그는 사랑스러운 암사슴 같고 아름다운 암노루 같으니 너는 그 품을 항상 족하게 여기며 그의 사랑을 항상 연모하라"(잠 5:18-19)는 구절에 줄을 그어 두었다.

'반면 간음에 대해서는 아주 단호한 태도를 반복해서 묘사하고 있군. 다른 나라를 의지하려는 이스라엘의 외교적 선택을 간음에 비유하기도 하고 말이야.'

호당 선생은 "하나님의 뜻은 이것이니 너희의 거룩함이라 곧 음란을 버리고 각각 거룩함과 존귀함으로 자기의 아내 취할 줄을 알고 하나님을 모르는 이방인과 같이 색욕을 좇지 말고"(살전 4:3-5)에도 줄을 그었다.

'자세한 것은 좀 더 연구해 봐야겠지만, 크게 이 구도에서 생각하는 것이 가장 일반적이겠지. 어떤 사람들은 죄가 세상에 들어온 이후에야 성행위가 인간의 삶 속에 자리 잡았고, 그러니 성은 거룩하지 못하다고 말하지만…… 예수님께서도 창세기의 처음 몇 장에 나타난 성에 대한 하나님의 기본적인 계획을 당시의 종교지도자들에게 반복해서 말씀하신 것을 보면 그런 가정을 받아들일 수 없지(막 10:6-9; 마 19:5-6 참조).'[2]

호당 선생은 눈을 뜨고 상체를 곧추세웠다. 그는 가방에서 수첩을 꺼내어 '성욕의 인격성', '성의 영성' 등의 문구를 적기 시작했다. 기차의 진동에 거의 영향 받지 않는 유려한 달필이었다. 그리고 호당 선생은 '침묵하는 성'이라는 글귀를 적은 후 다시 눈을 감았다.

'그러고 보니 보통 성에 대한 대화나 가르침은 혼전 성관계

이야기로 흐르기 일쑤였는데, 정작 성경이 성을 다루는 방식은 그 주제를 별로 부각시키지 않는 것이로구나. 혼전 성관계를 맺었으면 반드시 책임지라고 가르치는 게 성경이 그 주제를 다룬 가장 정직한 접근이었어(신 22:28-29 참조). 반면 결혼한 사람의 혼외 성관계에 대해서는 아주 단호해. 성을 주제로 대화할 때 손쉽게 젊은이들의 혼전 성관계로 넘어가려는 태도는 지양하라는 뜻인가? 아직 결혼하지 않은 젊은이들의 성에 대한 과도한 걱정과 염려보다는 이미 결혼한 부부의 건강한 성관계에 대해 더 많이 고민해야겠구나. 부부 간에도 성의 밝음보다 어둠을 경험하는 사람이 적지 않으니…….'

호당 선생은 이상한 느낌이 들어서 눈을 떴다. 지성이 또 기묘한 자세로 손목을 꼬고 있었다. 지성의 손으로 가려진 부분에는 이런 글귀가 있었다.

그녀는 10년 동안 어디에 있건 여기저기에서, 네플류도프나 늙은 경찰서장을 비롯하여 감옥의 간수들에 이르기까지 온갖 남자들이 그녀를 요구하는 것을 보아 왔다. 그녀는 그녀의 육체를 요구하지 않는 남자는 보지도 못했고 알지도 못했다. 그러므로 그녀에겐 전 세계가, 사방팔방에서 그녀를 노려 기만과 폭력과 돈과 교활한 지혜 등, 온갖 가능한 수단

을 써서 그녀를 소유하려고 기를 쓰고 있는, 성욕에 사로잡힌 남자들의 집합체로 비쳤던 것이었다.[3]

---

[1] 레프 톨스토이, 「부활」, 구자운 역 (서울: 교육서관, 1998), 23-24쪽.
[2] 이 주제는 에베소서 5장 31절에서도 재차 강조된다.
[3] 레프 톨스토이, 「부활」, 180쪽.

"재테크 자체는 악이 아니다.
재테크에 무관심한 것을 훌륭한 신앙으로 생각하는 태도는
분명 문제가 있지."

22
호당 선생, 재테크를 말하다

어두운 하늘에서 빗방울이 떨어지기 시작하자 호당 선생은 주름진 미간을 좁혔다. 빗방울은 바람에 날려 버스 정류장 지붕 아래 있는 사람들에게도 적잖이 튀었다. 잠시 후 버스가 도착했다. 사람들은 조금이라도 비를 덜 맞기 위해 빠르게 움직였다. 호당 선생이 지성과 함께 버스에 탔을 때는 빈자리가 하나도 없었다.

"휴……."

가느다란 한숨을 내쉬며 호당 선생은 버스 안을 둘러보았다. 피로가 덕지덕지 묻어 있는 얼굴이 대부분이었고, 불콰하게 술기운 오른 얼굴도 드문드문 보였다. 그리고 유난히 멀쩡해 보이는 얼굴도 보였다. 호당 선생은 그쪽으로 다가갔다. 노인이 자신에게 다가오는 것을 느껴서일까? 멀쩡하던 얼굴에 갑자기 검은 그림자가 드리워지더니 꾸벅꾸벅 졸기 시작했다. 호당 선생은 쓰게 웃으며 말했다.

"오덕아."

"엇! 어르신?"

순식간에 검은 그림자가 걷히고 붉은 빛이 떠올랐다. 오덕은 자리에서 벌떡 일어나며 말했다.

"제가 요즘 일이 많아서 깜빡 졸았나 봅니다. 좀 앉으시지요, 어르신."

"늙은이 취급하지 말거라. 종일 일하느라 피곤할 텐데 너나 앉아 가거라."

"걱정 마십시오, 어르신. 제 좌우명이 멸공봉사滅公奉私입니다. 다른 사람들은 멸사봉공滅私奉公이랍시고 사생활을 희생해 공적인 일을 열심히 하는 걸 훌륭한 삶으로 평가한다지만, 저는 가능하면 공적인 일을 희생해 사적인 일을 조금이라도 더하려고…… 넌 뭔데 날 빤히 보는 거니? 아무튼 안 피곤하니 어서 앉으십시오, 어르신."

호당 선생은 그제야 못 이기는 척 자리에 앉으며 오덕과 오덕을 빤히 보던 지성에게 말했다.

"오덕아, 지성아, 가방은 이리 주거라."

"어르신 일행이었습니까?"

"말하자면 길다. 그건 나중에 이야기하고 일단 짐이나 주거라."

호당 선생은 두 사람의 가방을 받아 품에 안았다. 그런데 다시 보니 오덕의 손에 아직 뭔가 들려 있었다. 책이었다. 호당 선생보다 먼저 책 표지를 보고 있던 지성은 작은 목소리로 제목을 말했다.

"성부聖富?"

"거룩한 부자라는 뜻이지. 왜 너도 이 책이 보고 싶니?"

호당 선생은 지성과 오덕 사이에 오간 짧은 말을 들으며 고개를 갸웃거렸다.

"오덕아, 그게 무슨 책이냐?"

"예? 그게…… 읽긴 다 읽었는데 갑자기 물으시니…… 아…… 음…… 펀드나 주식은 깡통 차기 십상이고 은행은 이자율이 너무 낮으니, 이자율이 30배, 60배, 100배인 천국 재테크를 열심히 해서 거룩한 부자가 되자는…… 뭐 그런 책입니다."

호당 선생은 연신 고개를 갸웃거리며 말했다.

"30배, 60배, 100배의 이자율이라고? 그거참 창조적 해석이로구나. 한데 왜 그 책을 보는 게냐?"

"아, 어르신이 지난번 제게 '형벌을 면치 못할 상황'이 닥칠지 모른다고 말씀하셨잖습니까!"

"잠언 28장 20절 말이로구나. 네가 신용카드를 과하게 쓰는 것 같아 인용한 구절이지."

"그래서 제가 이 책을 보는 겁니다. 생각할수록 무서운 말씀이더라고요. 부끄럽지만 그동안은 돈이 생길 때마다 피규어 사는 데 거의 다 쏟아 부었거든요. 그리고 재테크도 세상 사람들과 다른 방식으로 해야겠다는 생각을 했고요. 최소 30배라니…… 이자율이 3,000퍼센트라는 거 아닙니까!"

호당 선생은 갑자기 고개를 숙이더니 양손으로 이마와 관자놀이를 눌렀다.

"이 놈이 보라는 책은 안 보고……."

> "잠언에는 '충성된 자는 복이 많아도 속히 부하고자 하는 자는 형벌을 면치 못하리라'(잠 28:20)고 되어 있는데요. 이자율 3,000퍼센트를 바라는 게 바로 '속히 부하고자 하는' 마음 아닌가요?"

흔들리는 버스 안에서 용케 성경을 꺼내 읽은 지성의 반문에 오덕은 할 말을 잃었다. 호당 선생은 그제야 고개를 들었다.

"오덕아, 내 비록 그 책이 말하는 '거룩한 부자'가 무엇인지 다 알 수는 없으나, 그 책을 읽은 너의 관점에 대해서는 말하지 않을 수 없겠구나. 내 성경이 말하는 재테크의 지혜를 하나 일러주마. '게으른 자여 개미에게로 가서 그가 하는 것을 보고 지혜를 얻으라 개미는 두령도 없고 간역자도 없고 주권자도 없으되 먹을 것을 여름 동안에 예비하며 추수 때에 양식을 모으느니라'(잠 6:6-8)."

"……."

오덕은 책을 슬그머니 등 뒤로 숨겼다.

"재테크 자체는 악이 아니다. 재테크에 무관심한 것을 훌륭한 신앙으로 생각하는 태도는 분명 문제가 있지. 성경은 하나님 백성이 규모 있게 살아갈 것을 가르치고 있으니까. 게다가 무관심하고 무지해서 역설적으로 맘몬의 권세에 지배될 수도 있지. 그러나 오덕아, 하늘의 보화에 소망을 두는 삶을 사는 것이야 칭찬 받아 마땅한 일이나 하늘 보화를 빙자해 자신의 욕망을 신앙인 양 포장하는 것은 문제가 되느니라. 예수님께서는 30배, 60배, 100배 이야기를 해석해 주시며 재물의 유혹이 하나님 말씀을 가로막을 수 있다고 말씀하셨단다(마 13:22 참조)."

"어르신, 너무하시네요!"

오덕은 쏘듯이 한마디 내뱉은 후 입을 다물었다. 호당 선생은 잠시 망설이다가 말을 이었다.

"많은 사람이 재테크의 궁극적인 목적을 '일하지 않고 살기'에 두고 있단다. 바로 거기서부터 10억을 모아야 한다거나, 어마어마한 이익을 보장하는 상품이 있다거나 하는 이야기가 흘러나오는 것이지. 하지만 오덕아, 하나님은 우리를 '일하는 존재'로 지으셨단다. 일을 통해 하나님의 창조에 동참하고 하나님의 성품을 닮아 갈 수 있지. 도박과 같은 수익률을 기대하게 만들거나 노동 없는 삶을 꿈꾸게 하는 재테크 지식이 있다면 당장 버리거라!"

"……."

"늙으니 잔소리만 느는구나. 오덕아, 재테크는 본디 사람의 불안감에서 출발했단다. 앞날을 미리 알 수 없는 사람이라면 내일 먹을 양식을 오늘 준비하려는 마음이 드는 게 당연하단다. 그러나 불안감은 없애려고 노력할수록 더 커진단다. 오덕아, 나는 재테크를 하지 말라고 이야기하는 게 아니란다. 불안감에서 출발해 불안감으로 끝나는 재테크는 심각한 불신앙의 표출이기에 이런 이야기를 하는 것이지. 생을 주관하시고 궁극적인 안전을 보장하시는 분이 따로 있음을 믿는 자리에서부터 정직하고 단순한 재테크를 시작할 수 있단다."

오덕은 뭔가 곰곰이 생각하더니 입을 열었다. 하지만 호당 선생은 그 말을 들을 수 없었다. 버스가 요란한 소리를 내며 급정거했기 때문이었다.

| 피규어는 만화나 애니메이션, 영화 등의 등장인물을 본 따 플라스틱이나 금속 등으로 만든 조형물이다.

"참으로 도로 위는 다툼의 공간이기도 하다.
그리스도인이라고 예외는 아니지."

23
호당 선생, 운전을 말하다

 버스가 급정거하자 여기저기서 신음과 욕설이 뒤섞여 흘러나왔다. 호당 선생은 뒷목을 어루만지며 오덕과 지성을 보았다. 다행히 지성은 손잡이를 잡고 있어서 넘어지지 않았으나, 오덕은 휴대전화를 들여다보느라 엉덩방아를 찧고 말았다.

"아우, 신발……."

아픈 것보다 부끄러운 게 앞섰는지, 오덕은 괜히 '쎈 척'하며 신발을 툭툭 털었다. 호당 선생은 걱정스레 물었다.

"오덕아, 어디 다치지 않았느냐?"

"괜찮습니다, 어르신. 버스 기사는 무슨 운전을 이따위로……."

오덕은 '쎈 척'을 풀지 않고 고개를 좌우로 젖혔다. 그때 더욱 거친 목소리가 들려왔다.

"운전을 그렇게 하면 어떻게 해요!"

승객의 항의는 아니었다. 버스 운전기사가 창밖을 보며 지르는 소리였다. 소리는 점점 커졌고 오덕은 평생 들어 본 적 없는 단어들을 새롭게 접할 수 있었다. 호당 선생은 나직이 한숨 쉬며 입을 열었다.

"내려서 좀 걷자꾸나. 많이 오기도 했고, 여기서 이러고 있다간 언제 다시 출발할지도 모르겠고."

"그러시죠, 어르신."

호당 선생 일행은 버스에서 내려 터덜터덜 걷기 시작했다. 그리고 일행 중 가장 어린 지성이 물었다.

"버스가 갑자기 왜 멈췄을까요? 그리고 기사 아저씨는 왜 욕을 했죠?"

"누가 무리하게 차선을 옮기다가 사고가 날 뻔했거든. 나라도 그 상황이면 욕이 나올 거야."

호당 선생은 지성과 오덕의 대화를 듣다가 문득 든 생각이 있어 오덕에게 말했다.

"그러고 보니 오덕이가 운전하는 걸 한 번도 본 적이 없구나."

"아, 어르신…… 저는 운전 안 합니다."

"안 하는 게냐, 못하는 게냐?"

"화석 연료의 사용으로 아름다운 블루마블(Blue Marble) 지구가 신음하고 있는 이때에 제가 감히 어떻게 운전을 하겠습니까! 저 한 사람이라도 지구를 지켜야지요."

오덕은 뒤통수를 긁적거리며 말을 이었다.

"그리고 면허도 없고요."

"징하다…… 아니 장하다. 그런 신념 때문이라면 운전면허 시험은 아예 보지도 않았겠구나."

"헤헤…… 그건 아니고요. 제가 필기는 우스운 성적으로 합격했는데……."

"우스운 성적?"

오덕은 어깨를 쭈욱 벌리며 대답했다.

"필요 이상으로 점수를 많이 받아 버린 거죠. 커트라인만 넘기면 되는 걸 만점 비슷하게 받아서…… 헤헤."

"그럼 기능 시험에서 떨어진 게야? 요즘은 운전면허 따기도 쉽다던데."

"그게 참 이상하죠? 시뮬레이터로 하면 완벽한데 실제 차만

타면 머릿속이 하얘지는 게 몇 번이었는지. 아무래도 운전할 실력은 되는데 환경을 보호하려는 무의식이 강하게 작용한 것 같습니다."

"아이고 오덕아……."

호당 선생은 한쪽 관자놀이를 지그시 눌렀다. 지성은 고개를 갸웃거리며 물었다.

"그런데 운전을 꼭 해야 하는 건가요? 운전 안 해도 불편하지 않으면 되는 거 아닌가요?"

"그럼. 난 전혀 안 불편하지. 내 여자 친구가 운전을 아주 잘하거든. 꼭 액션 영화 주인공처럼 말이야."

"네? 그럼 지구의 환경은……."

"흠흠…… 지성아, 그냥 그러려니 하거라. 앞으로도 자주 볼 테니, 이 친구의 화법에 빨리 익숙해지는 게 좋을 것이야."

"어르신, 섭섭합니다. 저의 가치관을 그냥 그러려니 하신다니……."

호당 선생은 반대쪽 관자놀이도 함께 누르며 말했다.

"그래, 운전에 관한 이야기만 들여다보아도 그 사람의 가치관과 인격이 잘 드러나는 건 사실이다. 오늘도 보았지만 조금 전에 얼마나 많은 사람이 짜증을 내더냐. 운전을 할 때는 신경이 예민해지기 때문인지 평소에 전혀 그러지 않던 사람도 짜증을 내거나 욕설을 하는 경우가 흔하지. 참으로 도로 위는 다툼의 공간이기도 하다. 그리스도인이라고 예외는 아니지."

"맞습니다, 어르신. 그래서 저의 맑고 깨끗한 성품을 지키기 위해서는 운전을 멀리하는 것이……."

오덕이 뭐라고 주절거리는 동안 지성은 호당 선생에게 눈빛을 날렸다.

'이런 건가요?'

'그런 거다.'

호당 선생은 "참!"이란 말을 하며 오덕의 이야기 사이로 비집고 들어갔다.

"너와 휴대전화 이야기를 했던 게 기억나는구나. 휴대전화는 효율성을 선사하는 도구지만 그 이면에 있는 기술 권력을 인식하고 성경적 생활 양식을 개발해야만 '사랑의 도구'가 될 수 있다고 내가 말한 게 기억나느냐?"

"그럼요, 어르신. 그날 저를 무슨 휴대전화의 노예처럼 말씀하셨잖아요."

"그런 게 아니래도…… 아무튼 휴대전화나 자동차 같은 기술 문명의 소산을 사용할 때야말로 영성이 필요하다는 게 내 생각이란다. 기술의 발달이 인간의 능력을 과거보다 확장시키고 있다는 것은 주지의 사실이고, 그중에서도 자동차의 역할은

지대하지. 인간은 자동차로 인하여 더 멀리, 더 빠르게 갈 수 있게 되었고 이것이 인간의 삶에 더 많은 기회와 창조성을 가져왔단다. 인간은 기술을 개발하고 인간의 가능성을 확장시켜 나가는 것을 통하여 하나님의 창조에 동참할 수 있지. 하지만!"

호당 선생은 잠시 호흡을 가다듬었다.

"이러한 창조의 사역은 인간과 하나님의 창조 세계와의 조화를 도모해야 하고 특히 자동차 영역에서는 환경에 대한 배려가 지속적으로 추구되어야 할 것이야."

"저처럼요?"

"그, 그래…… 또한 '더 멀리, 더 빨리'라는 능력의 확대가 우리 삶의 패턴을 안식과 쉼의 리듬에서 빼앗아 가고 더욱 많은 일에 매몰되게 하는 것을 늘 경계해야겠지. 얘들아, 나는 운전을 생각할 때마다 떠오르는 말씀이 있단다."

지성이 눈을 동그랗게 뜨고 물었다.

"성경에 그런 말씀도 있나요?"

"예언자 스가랴는 '그날에는 말방울에까지 여호와께 성결이라 기록될 것이라'(슥 14:20)고 말했단다. 오늘날 우리가 자동차를 타듯 옛 사람들이 말을 탔다고 생각해 보거라. 말방울이 무슨 역할을 했겠느냐? 차가 지나가니 조심하라는 자동차 경적 역할이었겠지. 본디 제사장의 의복에만 새겨지는 문구인 '여호와께 성결'이 말방울에 기록된다는 것은 가장 거룩하기 힘든 운전석이 거룩한 성소가 된다는 말과 다름없단다."

"아······."

지성은 소리 없는 탄성을 질렀다.

그리고 그날 밤, 잠들기 전에 스가랴 14장 20절을 찾아 밑줄을 그었다.

> "그날에는 말방울에까지 여호와께 聖潔이라 記錄될 것이라."

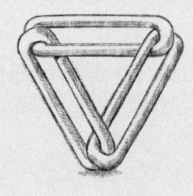

"아버지한테 여쭤봤는데도
'삼위일체를 버리면 신앙을 잃고, 삼위일체를 이해하려고 하면
정신을 잃는다'는 말씀만 하셨어요"

24
호당 선생, 삼위일체를 말하다

햇빛이 눈두덩을 쓰다듬었다. 어색한 포근함 속에서 눈을 뜬 지성은 오만상을 찌푸리며 팔다리를 뻗었다. 잠자리가 매우 푹신해서 오히려 잠을 깊이 자지 못했다. 지성은 침상에서 벌떡 일어나 기지개를 켜고 허리를 돌렸다.

"아가, 아침 먹자!"

"…… 네, 네……."

지성은 허겁지겁 방을 나서 간단히 얼굴과 손을 씻은 후 식탁 앞에 앉았다.

"아가, 잠자리는 불편하지 않던?"

"흠…… 여보, 그렇게 빤히 바라보면 밥이 제대로 넘어가겠소? 이따 이야기합시다. 그리고 이리 잘 자란 소년에게 '아가'

라고 부르는 것은 조심해 주시구려."

호당 선생은 지성을 뚫어지게 바라보는 아내에게 말을 건네며 지성에게 어서 식사하라는 뜻의 손짓을 보냈다.

"잘 먹겠습니다."

지성은 국물을 한 숟갈 뜨다 말고 고개를 푹 숙였다. 이렇게 따듯한 아침상을 받아 본 것이 얼마 만인가! 눈물이 나려는 것을 억지로 참았더니 목구멍으로 짠물이 넘어갔다. 지성의 감정이 요동치는 것을 느낀 호당 선생 내외도 덩달아 격동되었다.

"셋이서 아침밥 먹는 것도 참 오랜만이구려. 다시 삼위일체가 되었어. 아가, 천천히 먹거라."

"……."

호당 선생도 말없이 수저를 놀리며 짠물을 삼켰다. 식사를 마친 그는 고양이가 그려진 앞치마를 입고 빈 그릇을 주섬주섬 쟁반에 담아 개수대로 옮겼다.

"제가 할게요."

"아니다. 내가 할 테니 너는 좀 쉬거라. 아니면 저기 할미 옆에서 텔레비전이라도 보든가."

호당 선생의 말에 고개를 돌려 보니 할머니는 어느새 거실 소파에 앉아 텔레비전 리모컨을 만지고 있었다. 아침 드라마 시간이 다 된 까닭이었다. 지성은 코끝을 잠시 긁더니 "그럼 돕기라도 할게요"라고 말했다.

"혼자 해도 되는데……. 너무 염려 말거라. 이래 봬도 설거지만큼은 신혼 때부터 쭈욱, 가급적 내가 하려고 했단다."

"네……."

지성은 말끝을 흐린 채 호당 선생 곁에 가 섰다. 어른은 일하는데 자기만 가서 쉬는 것을 스스로 용납할 수 없었기 때문이었다. 지성은 뭐가 생각났다는 듯 화제를 바꾸었다.

"할아버지, 그런데 아까 할머니께서 '삼위일체……' 뭐라고 하셨는데, 그게 뭔가요?"

"아, 삼위일체? 처음 들어 본 말이니?"

"아뇨. 자주 들어 보긴 했는데 무슨 뜻인지 알려 주는 사람은 없더라고요. 아버지한테 여쭤봤는데도 '삼위일체를 버리면 신앙을 잃고, 삼위일체를 이해하려고 하면 정신을 잃는다'는 말씀만 하셨어요."

"하하, 지웅이답구나. 그거 아주 오래된 농담이지. 어디 보자…… 어디서부터 이야기하면 좋을까? 성경에 '삼위일체'라는 말이 안 나오는 건 지성이 너도 알지?"

지성은 말없이 고개를 끄덕였다. 호당 선생은 지성의 머리를 쓰다듬으며 이야기를 계속했다.

"우리가 믿는 기독교, 그리고 그리스도교의 모태가 된 유대

교는 모두 '유일신 신앙'을 가지고 있단다. 선한 신과 악한 신이 싸운다거나 대장 신이 부하 신들을 다스린다거나 하는 건 유대 기독교의 전통이 아니지. 첫 그리스도인들은 대부분 유대인이었으니 하나님은 오직 한 분뿐이라는 걸 아주 당연하게 고백했을 게야. 그런데 그리스도인들에게 심각한 문제가 생겼단다."

"문제요?"

"신은 오직 한 분 하나님뿐이라고 고백했는데, 예수님이 하나님의 아들이시며 하나님과 동등한 분이라는 고백을 함께해야 했기 때문이지. '하나님은 한 분이시다'와 '예수님은 하나님이시다'라는 두 명제가 충돌할 상황이 된 게야. 문제는 거기서 끝이 아니었단다."

"혹시 성령님이……."

호당 선생은 미소 지으며 말했다.

"옳거니! 예수님이 승천하신 후, 당신이 약속하신 대로 진리의 영이자 도움 주실 성령님이 찾아오셨단다. '성령님은 진리의 영이시며 또 다른 보혜사이시다'라는 명제까지 모두 세 명제가 충돌하게 되었단다. 하나님의 유일하심에 대한 고백을 포기하지 않으면서도 예수님과 성령님을 하나님으로 고백하기 위한 고민 끝에 삼위일체라는 개념이 나왔단다."

호당 선생은 지성의 눈빛이 흐려지는 것을 보며 씨익 웃었다.

"그러게 네 아비가 '삼위일체를 이해하려고 하면 정신을 잃는다'고 했지 않았느냐. 다 이해할 순 없겠지만 이것만은 기억해 두거라. 삼위일체는 신학자들이 책상 앞에서 지적 허영심으로 만들어 낸 이론이 아니라, 초기 그리스도인들이 일상생활에서 부딪힌 신앙적, 실존적 고민에 답을 찾는 과정에서 발견된 개념임을 말이다."

"네, 할아버지…… 그런데요, 삼위일체 신학이 일상생활의 고민에 답하는 과정에서 발견되었다는 게 잘 이해가 되지 않아요. 굳이 삼위일체 이야기를 하지 않아도 예수님만 잘 믿으면 되는 거 아닌가요?"

"그래. 너와 비슷한 이야기를 하는 사람이 아주 많았지. 칸트 같은 대철학자는, 삼위일체론은 설사 그 이론을 이해할 수 있을지라도 아무런 '실천적 의미'가 없기 때문에 무의미하다고 말했단다.[2] 이제 보니 네가 칸트와 비슷한 수준이로구나."

"놀리지 마세요."

지성이 입술을 비쭉 내밀었다.

"우리는 쉽게 '하나님을 믿는다'라고 하지만, 하나님을 믿는 신앙이 일상에서 맺는 열매는 '어떤 하나님'을 믿는가와도 관련되어 있지. 자세한 것은 차근차근 공부해 가기로 하고 오늘은 '삼위일체 하나님을 믿는다'라는 고백이 우리 일상생활에 주는 유익을 간단히 이야기해 주마."

"세이경청洗耳敬聽 하겠습니다."

호당 선생은 자세를 반듯하게 세우는 지성이 사랑스러워 견딜 수 없었다. 그는 억지로 웃음을 참으며 오른손 검지를 폈다.

"첫째, 삼위일체 하나님을 믿는 신앙은 우리에게 수평적 리더십을 가르쳐 준단다. 삼위일체 하나님은 공동체로 존재하시는데, 모든 그리스도인의 공동체는 삼위 하나님의 공동체를 궁극적 모델로 추구해야 하지. 삼위일체 하나님은 서로 동등한 관계를 맺으시기에 목회자나 가장 등의 한 사람이 일방적으로 군림하는 공동체 구조는 하나님의 존재 방식과 거리가 멀지."

호당 선생은 중지를 이어 펴며 말했다.

"둘째로 삼위일체 하나님을 믿는 신앙은 우리에게 다양성을 인정하는 태도를 가르쳐 준단다. 우리 집만 보더라도 나와 아내는 근본적으로 다르지. 성별이 다르고 성격과 가치관이 다를 뿐 아니라 식성과 취미도 다르단다. 이 차이는 부정할 수 없는 현실이야. 그런데 가부장적 문화는 가장의 기호에 모든 것을 맞추지. 나머지 사람의 일방적인 희생으로 관계가 간신히 유지

되는데 그것은 건강하지 않은 관계란다."

호당 선생은 거실 쪽으로 시선을 잠시 던지더니 약지를 펼쳤다.

"마지막으로 삼위일체 하나님을 믿는 신앙은 상대가 있기에 내가 온전해질 수 있다는 겸손함을 가르쳐 준단다. 성부, 성자, 성령 하나님은 서로의 차이와 다름을 수용하고 존중하며, 심지어 예찬하시지. 누군가가 일방적으로 주도권을 잡지 않고 상대를 있는 그대로 예찬하는 것을 삼위 하나님께 배워야 한단다. 이뿐만 아니라 나와 다른 상대로 인해 내가 온전한 존재로 완성되어 간다는 믿음을 가질 필요가 있어. 지성아, 어떠냐? 이래도 삼위일체 신앙이 우리 일상생활과 관계가 없어 보이느냐?"

"저저, 나쁜 놈!"

두 사람은 거실에서 들려온 소리에 화들짝 놀랐다. 아침 드라마에 지나치게 몰입한 누군가의 목소리였다.

---

1 스탠리 그랜즈, 「하나님의 비전」, 장경철 역 (서울: CUP, 2000), 42쪽에서 재인용.
2 J. 몰트만, 「삼위일체와 하나님의 나라」, 김균진 역 (서울: 대한기독교출판사, 1982), 18-19쪽에서 재인용.

"가장 먼저 다이어리를 펴고 하는 일이 뭔지 아니?
빨간 날을 확인하는 거였단다. 쉬는 날이 많으면 기뻐하고
적으면 실망하고……."

25
호당 선생, 다이어리를 말하다

"청소해 둬요!"

그 한마디면 충분했다. 호당 선생은 환한 얼굴로 고개를 끄덕이며 아내의 마실 가는 길을 축복했다. 아내가 시야에서 사라지자 표정이 약간 변하긴 했지만……. 호당 선생은 손바닥을 싹싹 비볐다.

"자, 그럼 오랜만에 대청소를 해볼까? 지성아, 도와주련?"

"네!"

설거지를 돕지 못한 것 때문에 마음이 불편했던 지성은 기껍게 대답했다. 호당 선생은 지성의 어깨를 툭툭 두드린 후 마스크를 내밀었다.

"미세 먼지 대비책이란다."

한쪽 눈을 살짝 찡그린 호당 선생을 본 지성은 '나도 똑같이 해야 하는 건가?'라며 잠시 고민했다. 하지만 호당 선생은 생각할 여유를 주지 않고 구체적으로 어디를 어떻게 청소할 것인지 하나하나 알려 주었다. 섬세하고 정확한 업무 분장이었다.

두 사람은 마스크를 쓴 채 집 안을 구석구석 누볐다. 지성은 손바닥보다 조금 큰 물걸레로 창틀과 형광등의 먼지를 닦아 내었다.

"귀찮더라도 꼼꼼히 하거라. 눈에 보이지 않는 곳의 먼지가 결국 다 우리 입으로 들어오거든. 다 하거든 책꽂이도 좀 닦고. 책은 다 못 빼도 책꽂이 틈틈이 쌓인 먼지는 닦아 내야 한단다."

"넵!"

"아, 책에 물 안 묻게 조심하고."

싹싹하게 대답하는 지성을 본 호당 선생의 눈꼬리가 부드럽게 휘어졌다. 두어 시간 후, 마침내 두 사람은 청소를 마쳤다. 호당 선생은 소파에 몸을 던지며 이마에 맺힌 땀을 닦았다.

"배고프지? 대청소한 날에는 짜장면이지! 괜찮니?"

"군만두도……."

"으허허, 그러자. 군만두도 먹자."

호당 선생은 주문 전화를 걸며 찬장에서 검은 상자를 꺼냈다. 상자 안에는 금박을 씌운 호두 알만 한 구체가 줄지어 있었다.

"청소하니 당 떨어지는구나. 짜장면 올 때까지 요기나 하자 꾸나."

"이건 초콜릿 같은데, 식사 전에는 좀 그렇지 않나요? 짜장도 단맛이 강한 음식이지만, 초콜릿의 단맛을 미리 맛보면 짜장 맛이……."

"녀석, 그게 무슨 말이냐? 초콜릿 맛이 입에 남아 봤자 얼마나 오래 남는다고. 나는 먹는 순간 맛이 지워져 버려 금세 또 먹게 되는구나. 싫으면 먹지 말거라."

호당 선생은 아랫입술을 삐죽거리며 금박을 벗겨 내었다. 지성은 그의 눈치를 살피면서도 초콜릿에는 손대지 않았다.

'저 놈도 고집이 있군.'

목구멍에서부터 다시 올라오는 초콜릿의 향기가 입안에 남은 견과류를 감싸 주는 황홀한 느낌에 취한 채, 호당 선생은 눈을 감았다. 그때 지성이 말했다.

"그런데 할아버지 책꽂이에 모양이 비슷하고 제목 없는 책이 많던데 그건 뭔가요?"

"아, 지난 다이어리를 본 게로구나. 한 삼십 년 됐나? 가능하면 같은 제품을 쭉 쓰려고 했는데, 중간중간 회사가 망하기도

해서 그렇게는 못했다. 그래서 크기랑 색깔이라도 맞췄지. 한 번 볼래?"

호당 선생은 지성의 대답도 듣지 않고 다이어리를 몇 권 가져왔다.

"연말이 되면 늘 다음 해 다이어리를 샀는데, 가장 먼저 다이어리를 펴고 하는 일이 뭔지 아니? 빨간 날을 확인하는 거였단다. 쉬는 날이 많으면 기뻐하고 적으면 실망하고…… 뭐 그랬지. 공휴일이 주일과 겹칠 때마다 안타까워했고."

"할아버지도 노는 걸 좋아하셨네요?"

"물론이지. 일하는 것이 그 자체로 예배이며 하나님의 창조 활동에 동참하는 소중한 활동이지만, 쉼과 여가를 즐기는 것 역시 안식을 선물로 주신 하나님의 뜻에 순종하는 것이란다. 끝없이 더 많은 일을 하라고 등 떠미는 세상 속에서 과감히 쉼표를 찍고 참된 안식을 추구하는 것은 일종의 신앙 고백적 행위란다. 다이어리를 펼쳐 빨간 날을 확인하는 것은 일을 피하는 무력한 모습일 수도 있지만, 하나님이 만드신 일과 안식의 역동적인 균형을 찾아가는 과정이 될 수도 있지."

호당 선생은 다이어리를 잠시 내려놓고 초콜릿을 하나 더 집어 들었다.

"빨간 날을 확인한 다음에 하는 일은 기념일을 기록하는 거란다. 부끄럽지만 나는 젊을 때부터 기억력이 별로였거든. 총각 땐 내 음력 생일도 모르고 그냥 넘어간 적도 있었으니, 가족과 친구들의 생일이나 중요한 기념일을 그냥 넘어가는 건 보통이지. 신년에 그런 날을 다이어리에 미리 표시해 두고 확인하니 좋더구나. 단지 그날을 잊어버리지 않는다는 것 이상으로……. 수많은 업무가 내 몸과 시간을 요구할 때도 사랑하는 사람들을 먼저 생각하게 만들어 줬지. 돌아보니 다이어리 쓰는 습관은 내게 '청지기적 삶'에 대해 많은 걸 가르쳐 주었단다."

"보통 청지기라고 하면 돈 관련된 이야기를 주로 하는데, 할아버지는 '시간의 청지기'를 말씀하시는 것 같네요."

"요 녀석, 제법이구나. 칼훈 선생이란 분은 청지기적 삶을 '하나님과 이웃을 사랑하고 유익하게 하고자 하나님의 선물인 자원, 시간, 재능, 재산을 자발적으로 후하게 드리는 것'으로 정의하셨단다.[1] 우리가 누리고 있는 모든 것이 하나님의 선물임을 믿는다면 물질을 두고 청지기 의식을 이야기하는 것만큼이나, 아니 어쩌면 그 이상으로 시간의 청지기 된 삶을 위해 노력해야겠지. 오직 나만을 위한 일로 다이어리를 가득 채운다면 시간의 청지기로서의 삶을 제대로 못 사는 거라고 할 수 있겠구나. 물론 자기 삶을 규모 있게 계획하고 시간을 알차게 쓰는 것도 청지기적 삶의 일부지만 우리에게 맡겨진 시간을 이웃과 나누는 것이 빠져 있다면 반쪽 짜리겠지."

"할아버지는 정말 대단하신 거 같아요."

지성이 눈을 초롱초롱 빛냈다. 하지만 호당 선생은 웃으며 고개를 좌우로 흔들었다.

"잠언에는 '사람이 마음으로 자기의 길을 계획할지라도 그 걸음을 인도하는 자는 여호와시니라'(잠 16:9)라는 말씀이 있단다. 다이어리를 쓰는 사람의 시선은 자연스럽게 미래를 향하지. 그건 창조적으로 미래를 계획하고 믿음으로 미래를 소망할 때 참으로 귀한 모습일 수 있지만 더 많은 경우 우리는 미래를 미리 생각하며 근심하게 된단다. 아니면 미래의 목표를 지나치게 소중히 생각해서 거기에 마음을 온통 빼앗기기도 하고. 그러다 보면 오늘은 미래를 위한 준비나 미래를 위한 끝없는 염려로 채워지기 쉽지. 하지만 참된 지혜는 오늘을 사는 것이란다. 미래를 위해 오늘을 더욱 성실히 살아야 해. 그리고 미래를 염려하기보다는 오늘을 누리는 것이 중요하단다."

딩동~

"왔구나!"

초인종이 울리자 호당 선생은 자리에서 벌떡 일어났다. 호당 선생과 지성은 현관으로 나갔다. 그런데 문을 열자 어두운 표정의 오덕이 서 있었다.

ㅣ 애들 알버그 칼훈, 「영성 훈련 핸드북」, 양혜원, 노종문 공역 (서울: IVP, 2008), 290쪽.

"아, 참으로 우리가 사는 시대는
대부분 사람들을 빚과 더불어 살아가게 만들고 있구나."

26
호당 선생, 빚을 말하다

●
●

"어르신, 일 억만 빌려주십시오!"

"오덕아…… 뜬금없이 그게 무슨 소리냐?"

"아니면 보증이라도 좀 서 주십시오!"

호당 선생은 당황한 기색을 감추지 못했다. 말 안 되는 소리 잘 하는 사람인 줄은 익히 알고 있으나, 갑자기 돈 이야기하는데 당황치 않을 사람이 몇이나 될까! 호당 선생은 금방이라도 울 것 같은 인상을 하고 있는 오덕에게 이야기했다.

"무슨 일인지는 모르겠지만 일단 들어오거라. 들어와서 차분히 이야기하자꾸나."

"짜장면 왔습니다."

그때, 주문해 둔 중국 음식이 도착했다. 호당 선생은 오덕과 짜장면 두 그릇, 군만두 한 접시를 집 안으로 들였다.

"식사는 했느냐?"

"먹었습니다. 저는 신경 쓰지 마십시오."

"괜찮다. 식전이면 나눠 먹자꾸나."

"정말 먹었습니다, 어르신······. 그런데 군만두는 제가 먹어도 될까요? 제가 만두를 워낙 좋아해서······ 헤헤······."

"먹거라. 만두 몇 개로 네가 웃을 수 있다면 당연히 양보해야지."

호당 선생이 만두 접시를 오덕에게 내밀자 지성의 눈꼬리가 치켜 올라갔다. 오덕은 그것을 보았고 호당 선생은 보지 못했다. 지성은 랩을 벗기지 않은 채 짜장면 그릇을 리드미컬하게 흔드는 호당 선생의 손동작을 따라하며 말했다.

"그런데 나라 잃은 백성 같은 표정을 하고 나타나셨는데, 무슨 일 있으세요?"

"나라 잃은 백성이라니······ 하긴 군만두 몇 개 주는 걸 장기 기증하는 것처럼 여기는 사람한테는 그렇게 보일 수도 있겠네."

"쳇!"

지성은 콧방귀를 뀌며 다 비벼진 짜장면을 입에 욱여넣었다.

"뺏어 먹지 않을 테니 천천히 먹지? 한두 번만 씹고 삼키는 것 같은데?"

"잘 모르시나 보네요. 너무 많이 씹으면 면이 자잘하게 부서져서 식감이 떨어진다고요. 면발이 식도를 치고 넘어가는 느낌을 알면 건강 따위는 초개^{草芥}처럼 버리고 싶어질 걸요."

"……."

호당 선생은 짜장면을 먹다 말고 두 손을 들어 관자놀이를 꾹꾹 눌렀다. 막상막하^{莫上莫下}, 아니 막하막하^{莫下莫下}의 대화였다.

세 사람이 식사를 마치는 데는 그리 긴 시간이 필요하지 않았다. 호당 선생은 짜장 소스와 단무지 등의 음식물 쓰레기를 짜장면 그릇 한 곳에 모으고, 주방에서 꺼내 온 검은 비닐봉지에 나무젓가락과 벗긴 랩 등을 담았다.

"짜장면 그릇 안에 음식물 쓰레기와 일반 쓰레기를 섞어서 내는 사람이 있는가 하면 재떨이까지 비워 내는 몰지각한 사람도 있다고들 하던데, 너희는 그러지 말고 쓰레기는 집에서 분리수거하거라. 설거지까지 해서 내놓는 거야 못한다 치더라도 최소한의 수고는 해야 하지 않겠니?"

"어르신, 누구한테 하시는 말씀입니까?"

오덕은 호당 선생이 중얼거리는 소리를 듣고 질문했다.

"허공에 흩어지는 소리 같지만 다 듣는 사람이 있단다."

부드럽게 미소 지으며 말하는 호당 선생의 목소리에 오덕과 지성은 고개를 갸웃거렸다. 세 사람 말고 또 누가 듣는다는 건지……. 그러나 그 생각은 호당 선생의 질문 때문에 계속될 수 없었다.

"한데 돈이 많이 필요한가 본데, 무슨 일이 생긴 게냐?"

"아이고 어르신…… 완전 멘붕입니다."

오덕은 한숨을 푹 쉰 후 신세 한탄을 늘어놓기 시작했다. 이야기인즉슨, 사귀던 여자 친구와 결혼을 약속하고 앞으로의 계획을 세우다 보니 '집'에 들어가야 할 돈이 너무 많아서 멘탈(mental)이 붕괴崩壞될 지경이라는 것이었다.

> "주님께선 '빛과 소금'으로 살라고 하셨는데, '빚과 소금'으로 살 판입니다. 빚 갚느라 평생 벌벌 떨 거 같아 벌써 걱정이에요."

"그랬구나, 오덕아. 아, 참으로 우리가 사는 시대는 대부분 사람들을 빚과 더불어 살아가게 만들고 있구나. 언젠가 필요해질 재정을 늘 미리미리 준비해 둘 수 있는 사람이 과연 몇이나 될꼬. 갑작스런 사고나 환경의 변화 때문에 빚을 지지 않고는 생활 자체가 불가능한 사람이 훨씬 많으니……."

호당 선생은 오덕을 측은하게 바라보며 말을 이었다.

"특히 너처럼 결혼을 앞두고 있는 사람들, 혹은 집을 사려고 하는 사람들은 대출 없이는 시작도 해 보지 못하는 경우가 대부분이지. 투자 목적을 가지고 자발적으로 빚을 지는 사람들에 대해서야 무슨 말을 하겠냐만, 비자발적으로 감당할 수 없는 빚을 지고 사는 사람들은 정말로 어찌 할꼬……."

"밤새 고민을 했더니 속이 메슥거릴 지경입니다. 어르신, 신하의 빚 일만 달란트를 없애 준 왕 같은 분을 만날 수 있다면 얼마나 좋을까요."

"절박한 마음을 품으니 성경에서도 돈 이야기가 먼저 보이는 게로구나. 그래 오덕아, 성경에는 그 외에도 안식년 법이나 희년 법 등을 통해 사람 사이에 지는 빚 문제를 다루고 있단다. 성경, 특히 구약 성경은 빚 자체를 죄악시하지는 않으나 빚 때문에 생길 수 있는 폐해를 관리하는 것에 집중하고 있지."

오덕은 고개를 갸웃거렸다.

"어르신, 좀 쉽게 말씀해 주시면 안 될까요?"

"제가 설명해 볼게요, 할아버지. 생각해 보세요. 빚 때문에 노예가 된 사람은 6년이 지난 후 안식년인 7년차에 다시 자유민이 되고, 땅을 팔아 버린 사람은 49년이 지난 다음에 희년인 50년차에 땅을 돌려받았잖아요. 그러니까 한 번 빚진 것 때문에 인생이 완전히 망가지지 않도록 다시 시작할 수 있는 기회를 주라고 성경이 가르친다는 거예요."

지성의 설명에 오덕은 아랫입술을 삐죽 내밀었다.

"어른들 말씀하시는데 어린 녀석이……."

"헹, 꼭 할 말 없는 사람들이 마지막엔 나이로 밀어붙이죠."

"허허, 그만들 하렴. 오덕아, 내가 널 위해 해줄 수 있는 게 딱히 없구나. 내 너를 위해 기도해 주고 싶은데 괜찮겠니?"

"그게 제가 가장 원하는 겁니다, 어르신."

오덕은 고개를 숙였다. 호당 선생은 눈을 감은 채 고개를 살짝 치켜들고 기도를 시작했다.

"우리의 유일한 주인이신 아버지, 우리가 빚으로 인해 돈의 종이 되지 않게 해주십시오. 아버지, 우리에게 자족하는 마음을 주시어 무리한 빚을 지지 않게 해주시고 부득이하게 빚질 때에는 갚을 수 있는 능력을 고려하여 결정하게 하여 주십시오. 아버지, 행여 우리가 빌려주는 사람이 된다면, 빚을 매개로 사람을 억압하지 않고 빚진 자의 가장 기본적인 삶을 존중하게 하옵소서. 우리 주 예수 그리스도의 이름으로 기도드립니다. 아멘."

"아멘."

기도를 마친 오덕의 눈가에는 눈물이 맺혀 있었다. 오덕은 눈을 깜빡거리며 웃는 표정을 지어 보였다.

"어르신, 아무래도 보증은 힘드시겠죠?"

"성경에 보증 서지 말라는 이야기가 있지 않더냐?[1] 게다가 우리 집은 아내가 모든 걸 결정한단다."

호당 선생의 이마에는 땀방울이 맺혔다.

---

[1] "타인을 위하여 보증이 되는 자는 손해를 당하여도 보증이 되기를 싫어하는 자는 평안하니라"(잠 11:15); "지혜 없는 자는 남의 손을 잡고 그 앞에서 보증이 되느니라"(잠 17:18); "너는 사람으로 더불어 손을 잡지 말며 남의 빚에 보증을 서지 말라"(잠 22:26).

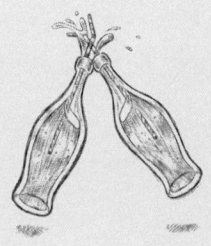

"우정…… 뭐 이상한 우정도 있지만 그건 제외하고,
진정한 우정은 둘이 셋이 되고 셋이 넷이 되어도 좋은 것이지."

27
호당 선생, 우정을 말하다

"정말로 보증은 안 되는 거죠?"

"다른 이야기하자꾸나."

호당 선생이 이마에 맺힌 땀을 닦으며 말을 돌리자 오덕은 탄식했다.

"아, 강호의 의리가 땅에 떨어졌습니다."

"강호江湖의 의리? 옳거니, 영화 〈영웅본색〉에서 주윤발이 했던 말이로구나."

"아닙니다. 다들 주윤발의 말로 알고 있지만 사실은 조카가 배신한 걸 안 조직 보스가 한 말입니다."

오덕의 표정이 갑자기 진지해졌다. 그걸 보고 있던 지성이 입술을 삐죽거리자 오덕은 날카롭게 말했다.

"뭐? 뭐? 무슨 말이 하고 싶은데?"

"아뇨…… 의리 이야기를 하시길래, 아저씨는 친구가 얼마나 많은지 궁금해서요."

"요 맹랑한 녀석이! 나한테 친구가 얼마나…… 그런데 너 방금 아저씨라고 했냐?"

"그랬는데요. 아님 뭐 다르게 불러 드려요?"

오덕은 땡글땡글한 지성의 눈을 잠시 바라보더니 한숨을 내쉬었다.

"'어이'나 '저기요'라고 안 불러 줘서 고맙다. 너 내가 덕질'하는 데 바빠서 친구가 없을 거라고 생각하는 거지? 그게 다 대중문화 애호가들을 멸시하는 생각을 바닥에 깔고…… 야, 너 지금 뭐하냐?"

지성이 딴청 부리자 오덕은 버럭 화를 냈다. 하지만 지성은 주눅 들지 않고 그 틈에 자기 이야기를 했다.

"친구가 많은지 물었는데 뭘 그렇게 빙빙 둘러대시는 거예요? 그냥 핵심을 말해 주시면 되잖아요."

"……."

지성의 눈이 빛났다. 마치 레이저 광선을 뿜어내며 오덕의 이마를 용접하는 것만 같았다. 오덕은 이마가 타 들어가는 것 같은 느낌을 받으며 멋진 말을 강박적으로 골랐다.

"「논어」 한 구절이 생각나는구먼. 유붕有朋이 자원방래自遠方來하니 불역낙호不亦樂乎아…… 벗이 있어 멀리서 찾아오니 이 또한 즐겁지 아니한가! 멀리서 찾아오는 친구로 인해 기뻐하는 사람이야말로 동양의 이상적 인간형 가운데 하나지. 흠, 내가 매일 만화랑 애니메이션만 보는 것 같지? 덕질도 잘하려면 인문학적 소양이 중요하다고."

지성은 고개를 갸웃거렸다.

"그래요? 그런데 인문학적 소양이 무슨 뜻인가요? 아무 일에나 다 붙이는 말인 것 같던데…… 아무튼 그림 친구가 좀 있다는 말씀이시네요?"

"진정한 우정은 숫자를 따지지 않는 법이지."

오덕은 팔짱을 끼고 눈을 감았다. 그리고 마음속으로만 중얼거렸다.

'어머니, 나는 별 하나에 아름다운 말 한마디씩 불러 봅니다. 중학교 때 건프라[2]를 같이 조립했던 아이들의 이름과, 아스카, 레이, 미사토[3] 이런 이국 소녀들의 이름과, 벌써 아기 어머니가 된 유진, 선예[4]의 이름과, 토토로, 도라에몽, 캐로로[5], 미야자키 하야오[6], 토미노 요시유키[7], 안노 히데아키[8], 이런 위인들의 이름을 불러 봅니다. 이네들은 너무나 멀리 있습니다. 별이 아스라이 멀듯이.'

오덕은 아스라이 먼 별이 언제나 땅 위를 비추는 것처럼 현실에서 함께하진 못하나 언제나 마음에 품고 생각하는 벗들을 하나씩 떠올렸다. 그러자 왠지 모르게 눈물이 흘렀다.

"실사實寫[9]친구 좀 없으면 어때. 나한텐 훌륭한 2D[10] 친구들이 많은데!"

목구멍으로 짠물을 삼키며 내뱉은 오덕의 말에 호당 선생은 고개를 갸웃거렸다.

"실사는 뭐고, 2D는 또 뭐람. 그래도 오덕아, 좋은 친구가 많은 것 같아 다행이구나. 나는 또 수복이 말고는 친구가 없는 줄 알았단다."

오덕은 "거의 비슷해요"라는 말을 가까스로 참으며 눈가에 맺힌 물기를 닦았지만 호당 선생은 눈치채지 못한 채 이야기를 계속했다.

"일찍이 루이스 선생은 「네 가지 사랑」이란 책에 사랑에 대한 심오한 고찰을 남기셨지. 그 가운데 하나가 우정이었는데, 혹시 본 적 있느냐?"

오덕은 고개를 도리도리 흔들었다.

"하하, 다행이다. 그렇다면 내가 좀 부정확하게 루이스 선생의 말을 인용해도 되겠구나. 요즘은 기억이 가물가물해서……. 루이스 선생은 '참된 우정은 사랑 가운데 가장 질투가 없는 것"이라 말씀하시며, 다른 사랑과 달리 우정은 나누어 준다는 것이 곧 **빼앗아** 가는 것을 의미하지 않는다고 풀이하셨단다. 연인이나 부부 간의 사랑은 둘 사이에 다른 사람이 끼어들 때 사랑을 **빼앗긴다**는 마음이 드나, 우정…… 뭐 이상한 우정도 있지만 그건 제외하고, 진정한 우정은 둘이 셋이 되고 셋이 넷이 되어도 좋은 것이지."

오덕은 조금 전에 소리내어 불러 보지 못한 애니메이션 캐릭터와 걸 그룹 멤버들의 이름을 살짝 떠올렸다. 많은 이름을 부르는데도 행복했다. 오덕의 입가에 미소가 걸렸다. 호당 선생은 오덕이 자신의 이야기를 잘 흡수하는 것이라 오해하고 마주 미소 지었다.

"루이스 선생은 우정의 가치를 아주 높게 평가하셨단다. '로마의 황제 숭배'나 '문명을 구원하기' 위하여 기독교를 '팔려는' 현대의 노력들처럼, 사회적인 목적을 위하여 고안된 종교는 많은 열매를 맺지 못한다. '세상을 참으로 변혁시킬 수 있는 자들은 그 세상에서 등을 돌린 적은 무리의 친구들이다'는 말씀도 하셨으니까.[12] 심지어 우정은 최선의 사랑을 보여 주는 상징이기에 루이스 선생은 오히려 성경이 하나님과 우리의 사랑을 설명할 때 우정의 이미지를 잘 사용하지 않고 있다는 추측까지 하셨어. 즉 우정은 매우 영적인 사랑이라, 자칫 상징이 본질을 덮어 버릴까 봐 그랬다는 게지.[13] 100퍼센트 동의할 순 없다만 흥미로운 접근이야."

호당 선생은 어느새 자기 이야기에 도취되어 오덕의 반응도 살피지 않고 말을 이어갔다.

"물론 우정이라고 완전할 수 있겠느냐. 우정은 선한 사람을 더 선하게도 할 수 있지만 악한 사람을 더 악하게도 할 수 있음은 설명할 필요도 없는 것이지. 몇 사람의 굳은 우정 관계가 폐쇄적 그룹으로 변질되어 외부 세계의 소리에 귀를 닫게 만들 위험도 있고. 무엇보다 가장 심각한 것은 우정의 식탁을 배설하신 하나님을 배제한 채 우리끼리 즐거운 시간을 누리는 데 그칠 수 있다는 점이란다."

"그것도 루이스 선생이란 분의 말씀인가요?"

"그래 맞다."

오덕은 지성이 묻고 호당 선생이 대답하는 것을 보며 자리에서 일어났다.

"어르신, 저는 이만 외부 세계의 소리에 귀를 기울이러 가야 할 것 같습니다."

"그래? 고민은 좀 해결되었고?"

"그거야 어르신이 보증만 서 주시면……."

"피곤하구나. 좀 쉬어야겠어."

호당 선생은 눈을 감은 채 양손 엄지로 관자놀이를 꾹꾹 눌렀다. 그리고 오덕은 그간 보지 않던 새로운 애니메이션을 시청하겠다는 의지를 불태우며 호당 선생의 집을 총총 빠져나갔다.

---

1 덕질은 '오타쿠'를 지칭하는 말이 한국에서 '오덕후'→'오덕'→'덕'으로 변화한 끝에 어떤 것을 하는 행위라는 의미의 '질'이라는 말과 결합되어 나온 표현이다. '……질'의 대표적인 용례 가운데 하나는 '갑질'이다.
2 건프라란 건담 프라모델의 줄임말이다.
3 아스카, 레이, 미사토는 애니메이션 〈에반게리온〉의 등장인물이다.
4 유진, 선예는 각각 아이돌 걸 그룹 〈S.E.S〉와 〈원더걸스〉 출신 가수다.
5 토토로, 도라에몽, 케로로는 각각 애니메이션 〈이웃집 토토로〉, 〈도라에몽〉, 〈개구리 중사 케로로〉의 캐릭터다.
6 미야자키 하야오는 애니메이션 감독으로 〈미래 소년 코난〉, 〈이웃집 토토로〉, 〈하울의 움직이는 성〉 등을 연출했다.
7 토미노 요시유키는 애니메이션 감독으로 〈기동전사 건담〉 시리즈 등을 연출했다.
8 안노 히데아키는 애니메이션 감독으로 〈신비한 바다의 나디아〉, 〈에반게리온〉 시리즈 등을 연출했다.
9 실사는 실물, 실경(實景), 실황 등을 그리거나 찍는 일을 의미하지만 여기서는 '진짜', '현실에 존재하는' 것이란 의미로 쓰였다.
10 2D란 '2D 애니메이션'의 약칭이다. 여기서는 실제 사람과 대비되는 애니메이션 캐릭터를 의미하는 말로 쓰였다.
11 C. S. 루이스, 「네 가지 사랑」, 2판, 원광연 역 (서울: 생명의말씀사, 1995), 83–84쪽.
12 같은 책, 92쪽.
13 같은 책, 115쪽.

"유대인들은 안식일을 '여왕'이라고 부른다.
우리는 마음의 '여왕'과 약혼해서 신부가 오기 전에
신혼집을 준비해야 한다."

28
호당 선생, 안식을 말하다

●

    산기슭에 도착한 남자는 자신을 따라온 사람들을 돌아보았다. 두려움 가득한 얼굴이 눈에 들어왔다. 어떤 이는 이를 딱딱 부딪쳤고, 또 어떤 이는 심히 떨고 있었다. 남자는 고개를 돌려 산 위를 보았다. 빼빼한 구름이 산을 휘감고 있었고 간헐적으로 우렛소리가 들렸다. 남자는 억지로 정상 방향만 바라보았다. 마치 다른 이들에게는 불안한 표정을 보여 주지 않기로 결심한 것처럼.

    남자는 사람들을 내버려 둔 채 산을 오르기 시작했다. 구름은 점점 짙어져 마치 산불이 나서 연기가 온 산에 가득한 것만 같았다. 한 치 앞도 분간하기 힘든 상태……. 폭발 직전의 화산이 이런 분위기일까? 남자는 온 산이 진동하는 것을 느끼며 두려움에 사로잡혔다. 하지만 남자는 이를 악물고 계속 걸었다. 산 정상에는 남자를 기다리는 이가 있었다.

"나는 너를 애굽 땅, 종 되었던 집에서 인도하여 낸 너의 하나님 여호와로라"(출 20:2).

남자는 쓰러지듯 털썩하고 하나님 앞에 엎드렸다.

"…… 살인하지 말지니라. 간음하지 말지니라. 도적질하지 말지니라 ……."

신비로운 우렛소리와 나팔 소리, 자욱한 구름, 그리고 하나님의 목소리…… 남자는 이 모든 것에 압도되었다.

"헉!"

호당 선생은 헛바람을 삼키며 눈을 번쩍 떴다. 그의 곁에는 걱정스런 표정의 아내가 서 있었다.

"괜찮아요? 가슴을 자꾸 두드리던데, 답답해요? 땀도 많이 흘리고……."

"언제 왔소? 좀 더 놀다 들어오지 않고. 난 괜찮소. 좀 쉬면 괜찮아지잖소."

호당 선생은 흐릿하게 미소 지으며 침상에서 힘들게 몸을 일으켰다.

"그냥 더 누워 있어요. 지웅이 보내고 지성이 데려오는 동안 당신 몸이 많이 축났나 봐요. 무리하면 안 되는데……."

"허허, 괜찮다는데도. 알았어요. 조금만 더 쉬다."

"저녁 준비 다 되면 깨울 테니 잠이 안 오더라도 눈 감고 누워 있어요."

호당 선생은 이불을 고쳐 덮어 주는 아내의 손길을 느끼며 눈을 감았다.

'하긴, 쉼이 필요한 상황인 건 맞지. 그런데 꿈이 참 묘하구나. 모세가 십계명을 받는 장면 같았는데 왜 그런 꿈을 꾸었을까?'

호당 선생은 기억 속에서 출애굽기 20장을 꺼냈다. 모세가 산을 오르기 전의 상황과 십계명을 받아 내려온 후의 상황을 생각해 보았고, 십계명 하나하나를 차분히 곱씹어 보았다.

> "그러고 보니 참 신기하구나. 다른 계명들은 대부분 '하지말라'는 이야기인데, 유독 안식일 준수와 부모 공경은 '하라'는 이야기야. 위치도 기계적으로 딱 중앙은 아니지만 대충 십계명의 중심부 가까이에 배치되어 있고. 그만큼 중요하다는 건가? 참 흥미롭구나. 아……."

순간 호당 선생은 얼굴을 찡그렸다. 왼쪽 가슴을 쓰다듬으며 호당 선생은 "그래, 쉼이 필요해"라고 중얼거렸다.

그때 노크 소리가 들렸다.

"할아버지, 저 지성인데 들어가도 돼요?"

"드, 들어오거라."

호당 선생은 작은 목소리로 대답했다. 지성의 귀에는 그 소리가 들리지 않았는지 잠시 동안 아무 반응이 없었다. 그래서 호당 선생은 기운을 짜내어 다시 말했다.

"들어오너라."

"많이 피곤하셨나 봐요. 오덕 아저씨 가고 나서 바로 곯아떨어지셨어요."

"코는 안 골던?"

"안 고셨는데요. 고셔도 괜찮아요."

"녀석."

호당 선생은 가볍게 웃다가 인상을 찡그리며 왼쪽 가슴을 쓰다듬었다. 지성의 표정이 굳어졌다.

"괜찮으세요?"

"하하, 너무 걱정 말거라. 아주 예전에 협심증이라는 병을 앓은 적이 있는데, 약을 꼬박꼬박 챙겨 먹고 규칙적으로 운동하면서 아주 좋아졌단다. 주방에 가면 찬장 왼쪽에서 세 번째,

가장 위 칸에 한 알씩 포장된 초콜릿이 있을 게다. 세 알만 가져다주겠니?"

"편찮으신데 그런 거 드셔도 돼요?"

"그럼. 정기적으로 먹는 초콜릿에는 심혈관계 질환으로 인한 사망률을 낮춰 주는 효과가 있단다. 아, 그리고 오는 길에 공부방에 들러서 책 한 권만 찾아다오. 댄 알렌더가 쓴 「안식」이란 책이야."

"네, 할아버지."

잠시 후 지성이 돌아오자 호당 선생은 책을 펼쳐 지성에게 돌려주며 초콜릿을 입에 넣었다.

"눈이 침침하니 글이 잘 안 들어오는 구나. 밑줄 친 부분을 좀 읽어 주겠니?"

"유대인들은 안식일을 '여왕'이라고 부른다. 성화(sanctify)라는 단어에는 약혼한다는 뜻이 들어 있다. 우리는 마음의 '여왕'과 약혼해서 신부가 오기 전에 신혼집을 준비해야 한다. 그리하여 그토록 고대하던 여왕의 도착을 열렬히 환영해야 한다. 헤셀은 이렇게 말했다. '[안식일을] 신부로 부르는 것은 안식일이 그저 자신의 만족이나 휴식을 위해 따로 떼어 놓은 공허한 시간이 아니라 실제로 맞이해야 할 하나의 현실임을 암시하는 것이다.'[1] 음…… 이게 무슨 말인가요?"

"바쁜 삶이 성공한 삶처럼 이해되는 시대에는 받아들이기 힘든 이야기지. 쉼조차도 일을 더 잘하기 위한 수단으로 생각하는 그런 시대 말이야. 시간을 관리해야 하는 자원으로 여기지 않고 하나님이 우리에게 주신 선물로 인정하는 마음가짐이 필요하다는 게야. 안식의 때를 기계적으로 흘려보내지 말고 잘 준비하라는 뜻이기도 하고. 이번에는 여기를 읽어다오."

지성은 호당 선생이 손가락으로 가리킨 부분을 읽어 내려가기 시작했다.

"하나님의 동산에서 노는 일이 안식일마다 똑같지는 않을 것이다. 집 안에서 책을 읽거나 벽난로의 불을 쬐며 보내는 안식일도 많을 것이고 …… 하지만 안식일이 죽음과의 정면 대결이며 패배자의 도전이라는 사실을 잊어서는 안 된다. 안식일은 죽음의 눈을 응시하며 '사망아, 너의 쏘는 것이 어디 있느냐?' (고전 15:55)라고 호통친다."[2]

호당 선생은 침상에서 일어나며 지성에게 말했다.

"저녁밥 먹고 좀 더 읽어 주겠니?"

"그럼, 제 안식은 어떻게 되는 건가요?"

---

[1] 댄 알렌더, 『안식』, 안정임 역 (서울: IVP, 2010), 75쪽.
[2] 같은 책, 113쪽.

호당 선생,
일상을 말하다

"갓 태어난 아기는 얼마나 무력한지……
탄생은 인간이 본래부터 외부의 도움, 곧 은혜를 통해
살아가는 존재라는 것을 깨닫게 한단다."

29
호당 선생, 탄생을 말하다

여자의 비명 소리가 들렸다. 방에서 책을 읽던 지성은 놀라 벌떡 일어섰다. 할아버지가 집을 비운 시간, 이게 무슨 소리란 말인가. 혹시 할머니에게 무슨 일이라도 생긴 걸까? 하지만 할머니의 목소리라고 하기엔 몹시 젊었다. 잠시 고개를 갸웃거리는 동안 여자는 비명과 신음이 뒤섞인 소리를 토해내고 있었다. 지성은 문을 박차고 거실로 뛰어나갔다. 거실에는 텔레비전이 켜져 있었다.

"할머니, 텔레비전 보고 계셨어요?"

"그래. 소리가 너무 컸니?"

"지금은 드라마 할 시간이 아닌데."

"가끔은 다큐멘터리도 재미있구나."

할머니는 지성에게 윙크하며 손짓으로 옆자리에 앉으라고 권했다. 지성은 엉거주춤 소파에 엉덩이를 걸쳤다.

"지금쯤이면 검사가 다 끝났겠네요."

"쉿!"

할머니는 오른손 검지를 입술 앞에 세웠다. 텔레비전 화면에는 갓난아기를 품에 안은 엄마의 얼굴이 가득 담겨 있었다. 붉고 주름진, 그래서 무척 볼품없는 신생아를 안은 엄마는 울고 있었다. 엄마의 얼굴은 붉게 상기되고 퉁퉁 부어 있었다. 할머니는 혀를 끌끌 찼다.

> "저 어린 것이 이 세상 고통을 어찌 다 견디며 살아갈꼬?"

"네?"

지성이 반문했지만 할머니는 다시 텔레비전에 집중했다. 그때였다. 현관문이 열리고 호당 선생이 들어왔다.

"나 왔소."

"다녀오셨어요?"

할머니는 텔레비전에서 눈을 떼지 않고 손만 휘적휘적 저었다. 호당 선생은 어깨를 으쓱하더니 지성에게 말했다.

"뭐 재미있는 게 하나 보구나. 너도 이 시간에 텔레비전 앞에 앉아 있다니."

"아, 그게요……."

지성도 어깨를 마주 으쓱하고는 말끝을 흐렸다.

"핫초코 한 잔 타 드릴까요?"

"좋지."

호당 선생과 지성은 함께 주방으로 이동했다. 지성은 익숙한 손놀림으로 핫초코를 타며 호당 선생에게 말했다.

"그런데 할아버지, 조금 전에 아기가 태어나는 다큐멘터리를 봤는데요, 이해가 안 되는 게 하나 있었어요."

"말해 보거라."

"텔레비전에선 생명 탄생의 신비, 어머니의 사랑, 뭐 그런 이야기를 하는데 할머니는 한숨을 쉬시며 '저 어린 것이 이 세상 고통을 어찌 다 견디며 살아갈꼬?'라고 하셨거든요."

호당 선생은 미소 지으며 지성의 머리를 쓰다듬었다.

"그건 네 할미가 고생을 워낙 많이 해서 그럴 게다. 젊을 때 내가 워낙 속도 많이 썩이고 경제적으로도 어려워서 힘들었거든. 탄생의 감격을 말하기엔, 생의 고통이 너무 강렬하게 남아 있는 게지. 예언자 예레미야도 비슷한 이야기를 했단다. '어찌하여 내가 태에서 나와서 고생과 슬픔을 보며 나의 날을 수욕으로 보내는고'(렘 20:18)라고. 음, '수욕'은 수모라는 뜻이란다. 고통의 깊이를 아는 사람은 희망적으로만 이해되는 탄생을 다른 시각으로 볼 수 있단다. 그리고 고통이라는 주제에 너무 천착하지 않아도 아이의 탄생을 보면 인간의 무력함을 깊이 성찰할 수 있단다. 수태해서 긴 임신 기간을 보내고 출생한 후에도 아이는 세상에서 가장 무력한 존재지. 다른 동물들을 보면 그 시기를 인간만큼 무력하게 보내는 존재도 드물다는 생각을 할 수밖에 없단다. 많은 동물은 체온을 유지하는 데 필요한 털을 가진 채 태어나고, 태어나자마자 왕성하게 활동하지. 그에 비하면 갓 태어난 아기는 얼마나 무력한지. 스스로 체온을 유지할 수도 없고 스스로 걷거나 기지도 못하는 존재가 아니냐. 다른 사람의 도움이 없이는 결코 살아남을 수 없는 존재……. 탄생은 인간이 본래부터 외부의 도움, 곧 은혜를 통해 살아가는 존재라는 것을 깨닫게 한단다."

"그러고 보니 성경에도 탄생에 대한 고백이 있었던 거 같아요."

"옳거니. 어떤 이야기가 있던?"

"시편에서 본 '주께서 내 장부를 지으시며 나의 모태에서 나를 조직하셨나이다'(시 139:13)가 가장 먼저 생각나고요, 또, 음…… 욥기에는 '나를 태 속에 만드신 자가 그도 만들지 아니하셨느냐 우리를 배 속에 지으신 자가 하나가 아니시냐'(욥 31:15)라는 이야기도 있었어요. 아!"

호당 선생은 빙긋 웃었다.

"뭔가 떠올랐느냐?"

"욥은 지극한 고통 속에서 저 이야기를 했던 거네요."

> "하하, 그렇지. 삶을 진지하게 성찰하는 태도를 놓지 않는다면 탄생의 이중성을 묵상할 수 있단다. 어디 탄생뿐이겠느냐. 삶 전체가 이중적인 면을 가지고 있지. 삶은 감격인 동시에 고통이란다. 그것을 정직하게 인정할 때라야 탄생을 진정 하나님 자녀로서 살아갈 삶의 첫걸음으로 받아들일 수 있을 게다."

"조금 어려운데요."

지성의 미간에 주름이 잡혔다. 호당 선생은 껄껄 웃으며 말했다.

"네가 워낙 조숙해서 자꾸 잊어 먹는구나. 네가 아직 십 대라는 걸. 정신 연령만 놓고 보면 오덕이와 네가 뒤바뀐 것 같기도 하고. 지성아, 너도 네 또래에 비해서는 만만치 않은 고단한 삶을 살았지만 앞으로는 더 다양한 경험을 하게 될 게다. 많은 탄생을 보게 될 것이고, 또 많은 생명이 떠나는 것을 보게 되겠지. 멀지 않은 미래엔 나도 네 곁을 떠날 테고."

"할아버지……."

"하하, 그런 표정 하지 말거라. 성경이 우리에게 알려 주듯 우리 삶은 임신 전부터 하나님의 계획 속에 있었고 하나님은 우리를 모태에서부터 친히 조직하신 분이시란다. 출생을 통해서 우리는 기쁨과 고통의 이중나선 위를 걷는 참된 삶의 여정, 곧 하나님 백성의 여정을 시작할 수 있지. 시작이 있다면 끝이 있는 것도 지당한 법! 내 나이쯤 되면 탄생을 묵상할 때 여정이 끝나는 날을 준비하라는 하늘의 음성도 듣게 된단다."

호당 선생은 컵을 빙빙 돌리며 바닥에 가라앉은 코코아 가루를 떠오르게 했다.

호당 선생,
일상을 말하다

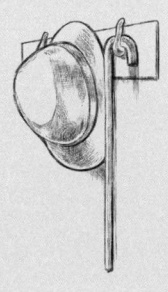

"늙는 것 또한 인생의 한 단계라고 생각한단다.
그래서 늙어 가며 주님을 더 깊이 알아 가기를 열망하지."

30
호당 선생, 성숙을 말하다

 지성은 언제나 그랬던 것처럼 반듯한 자세로 책상 앞에 앉아 책 한 권을 마주했다. 눈을 살짝 감은 채 숨을 크게 들이쉬며 읽을거리가 있음에 감사했다. 얼마나 책이 읽고 싶었던가……. 호당 선생은 "집에 도착하면 마음껏 읽게 해주마"라고 한 약속을 성실히 지켰다.

 호당 선생이 소장하고 있는 책이 적지 않았고, 공공도서관서가 구석구석에도 보석 같은 책이 있었다. 그 덕에 굶주린 짐승처럼 탐욕스럽게 책을 읽을 수 있었다. 겉으로 보기엔 단조로운 날의 반복이었지만, 지성의 내면세계는 상전벽해桑田碧海 그 자체라 해도 과언이 아니었다.

 지성은 눈을 가늘게 뜨고 책장이 있는 방문을 열었다. 기본적으로 장르를 가리지 않는 잡식성 독서를 하고 있지만, 문학 작품을 탐독하는 중이었기에 지성은 호당 선생의 서가에서 D. H. 로렌스라는 작가의 책을 뽑아 들었다. 물론 어떤 내용인지는 몰랐다. 그저 "이거 소설인가요?", "그럼, 소설이지"라는 짧은 문답이면 충분했다. 하지만 지성은 빨리 가져가 읽고 싶은 마음이 앞선 나머지 호당 선생의 얼굴에 심술궂은 미소가 걸린 것을 넘겨 버리고 말았다.

한참 후 숨이 가빠지고 동공이 수축되었다. 지성은 책의 특정한 부분을 반복해서 읽었다. 그러고는 무엇에 홀린 듯 자신을 위로하기 시작했다. 모든 번뇌가 소멸되는 허탈감을 맛보며 책장을 덮었다. 그제야 지성은 호당 선생의 미소가 떠올랐다. 아뿔싸! 거실이나 주방에 그가 있을 텐데……. 지성은 책을 외면한 채 침대에 벌렁 드러누웠다. 나가서 호당 선생을 마주할 자신이 없었다. 그러나 영원히 나가지 않을 수는 없었다. 생리적인 욕구가 그를 자극했다.

결국 지성은 방문을 열고 살금살금 움직였다. 핫초코와 책을 즐기는 호당 선생의 뒷모습을 보며 조심스럽게 화장실 문을 열었다. 그때, 호당 선생은 몸을 돌리지 않은 채 담담하게 한마디 던졌다.

"화장지 아껴 쓰거라."

"……."

지성은 '쪽팔려'를 마음속으로 백 번은 넘게 외치고 모든 볼일을 마치고 난 후 호당 선생 앞에 다가갔다. 호당 선생은 아무것도 모르는 듯한 표정을 일부러 지은 것이 확연한 얼굴로 지성을 바라보았다.

"왜 말리지 않으셨어요?"

"응?"

"채털리…… 아무튼 그 책이요. 아직 제가 보면 안 되는 책이라고 왜 말씀하지 않으셨어요?"

호당 선생은 어깨를 으쓱했다.

"보면 안 되는 책이었나? 나도 너만 할 때 본 것 같은데? 제1차 세계대전 후의 우울한 정서가 잘 그려진 걸작이었지."

"……."

지성은 말문이 막혔다. 그게 그런 소설이었던가? 지성이 읽은 부분은 전체의 10퍼센트도 안 되었으니 반박하래도 반박할 수가 없었다. 호당 선생은 껄껄 웃으며 지성의 머리를 쓰다듬었다.

"괜찮다, 이 녀석아. 나도 네 나이 때는 너랑 비슷하게 그 책을 활용했으니까."

"정말요? 세계대전 후의 우울한 정서는……."

"세월이 아주 많이 흐르고 몸이 쇠약해지니 비로소 그게 보이더구나. 그래, 돌이켜보니 그 작품은 젊을 때 읽은 느낌과 나이 들어 읽은 느낌이 달랐어. 웬만한 작품이 다 그렇긴 한데…… 유독 그 작품은 노화 과정에 따라 몸도 다르게 반응하고 해석의 여지도 넓어졌지. 로렌스 선생의 작품이 노화의 준거가 된 셈이랄까? 아, 그러고 보니 다른 준거도 있구나. 예쁘장한 여학생들을 보면 젊을 때는 첫사랑이 생각났는데 어느 순간부터 자식 같고 며느리 같았지. 당시에는 젊다고 생각했는데, 돌아보니 그때부터 마음이 노화되고 있었어. 자식 같아 보이던 아이들이 손자, 손녀처럼 보일 때도 결국 왔고."

호당 선생은 유쾌하게 웃었지만 지성은 그의 웃음에 담긴 미묘한 정서를 감지할 수 있었다.

"……"

"그런 표정 하지 말거라. 노화가 진행되면 운동 능력은 물론이고 여러 감각이 쇠퇴하는 것이 정상이란다. 하지만 그런 순간에 가만히 멈춰 생각해 보면, 주님이 주신 신체와 오감을 더이상 당연한 것이 아니라 경이로운 것으로 받아들이고 감사할수 있게 된단다. 노화가 더 진행되면 감각이 더 무뎌지겠지. 언젠가는 내가 만지고 냄새 맡고 맛보던 것들과도 영원히 작별할 날이 올 테고."

호당 선생은 핫초코 잔을 쓰다듬으며 말을 이었다.

"작별할 날이 오기 전까지 몸의 감각과 기능에 감사하고 송축하는 것도 즐거운 삶이 아니겠니?"

"할아버지, 그런 말씀 마세요. 운동도 좀 하시고……."
"애야, 도널드 맥컬로우 선생은 흘러가는 젊음과 건강을 지키기 위해 노력하는 삶을 '전투'에 비유하며, '전투의 이미지를 청지기직의 이미지'로 바꾸어 볼 것을 제안하셨단다. 아무리 노력해도 이 전투의 결과는 패배로 미리 정해진 법이 아니겠니? 그러니 질 싸움을 억지로 밀어붙이려 하지 말고, 이 과정을 여정으로 즐기자는 것이지. 아, 물론 운동이 어느 정도 젊음을 붙잡아 주긴 하지만 나는 네가 생각하는 것보다 나이가 꽤 많단다. 어디 보자, 내가 메모해 둔 게 있을 텐데…… 옳지, 여기 있구나! 네가 좀 읽어 주겠니?"

호당 선생은 한쪽 눈을 찡긋하며 지성에게 수첩을 넘겼다. 지성은 큰따옴표로 인용 표시된 메모를 담담히 읽기 시작했다.

"매 단계마다 우리 몸은 새로운 한계들을 만난다. 그런 한계와 맞서 싸우기보다는 오히려 그것을 수용하고 삶 속에 통합하여 힘과 에너지를 극대화해야 한다. 우리에게 주어진 도전은 얻을 수 없는 것들에 에너지를 낭비하는 것이 아니라, 제어할 수 있는 일들에 선한 청지기가 되는 것이다. 아침에 일어나 커피를 끓이려고 주방으로 갈 때 무릎이 아픈가? 그 통증을 적으로 보고 싸워 이기려 한다면, 정복하고자 하는 일념으로 통증을 무시한 채 전보다 더 열심히 달릴 것이며, 그러다가는 결국 무릎이 완전히 망가진다. 그보다는 자신에게 이렇게 말하는 편이 낫다. '나이 쉰 셋에 관절염은 정상이다. 이제 어떻게 할까? 달리는 거리를 줄일까? 쉬는 날을 늘려야 하나? 무릎 충격이 덜한 운동으로 바꿔야 하나?' 다시 말해, 이 한계는 내 바깥의 적이 아니라 나의 일부가 된다. 나는 운동의 필요와 노화의 현실을 동시에 존중하며 한계를 내 삶 속에 수용하려 최선을 다한다. 나는 지는 싸움에 대한 불안에서 벗어나며 그로 인한 평안은 내 전체적 건강에 유익을 준다."[1]

호당 선생은 왼쪽 가슴을 콩콩 두드리며 말했다.

"고맙다. 네 목소리로 들으니 한결 좋구나. 지성아, 나는 늙는 것 또한 인생의 한 단계라고 생각한단다. 그래서 늙어 가며 주님을 더 깊이 알아 가기를 열망하지. 인생의 경험은 쌓여 가는데 주님 닮은 인격에는 아직 못 미쳐서 부끄럽기도 하고. 지성아, 내 심장에 문제가 있는 건 알지? 난 심장의 한계를 느낄 때마다 겸손을 배우게 해달라고 기도한단다. 노화를 받아들이는 것을 거부하거나 닥쳐올 죽음을 두려워하는 어리석음에 빠지지 않도록 주님의 은혜를 구하지. 애야, 언젠가 너도 나이 들 것이니 이 말은 꼭 기억해 주면 좋겠구나. 잘 늙는 것은 성숙해 가는 것이란다."

| 도널드 맥컬로우, 「모자람의 위안」, 윤종석 역 (서울: IVP, 2006), 37쪽.

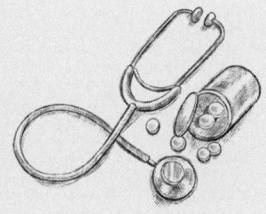

"병으로 인한 괴로움은 내가 유한한 인간이라는 점을
계속해서 상기시켜 준단다."

31
호당 선생, 질병을 말하다

"할아버지, 괜찮으세요?"

"……."

지성의 표정이 어두워졌다. 호당 선생은 눈을 감고 미간을 찌푸린 채 연신 가슴을 콩콩 두들겼다.

"휴…… 요즘 들어 부쩍 흉통이 잦구나. 오래 썼으니 고장 안 나는 게 더 이상하지. 허허."

"할아버지……."

지성은 이해할 수 없다는 표정으로 호당 선생을 바라보았다. 그는 아직도 가슴을 두들기고 있었다.

"그런 표정 짓지 말래도. 잘 늙는 것은 잘 성숙해 가는 것이라고 하지 않았니. 나이 들어 쇠약해지는 것은 전에 없던 지혜를 체득하는 계기가 되기도 하지. 질병도 그런 면이 없지 않고. 하지만 그렇다고 질병 자체를 반갑게 받아들일 수는 없단다. 무엇보다 이렇게 아프니 말이다."

"들어가서 좀 누워 계시는 게 좋을 거 같아요, 할아버지."

"허허, 아니다. 생각난 김에 이야기를 좀 더 하자꾸나. 인생의 여정을 걷다 보면 달갑지 않은 손님을 여럿 만나는 법이란다. 그중에서도 가장 오지 않았으면 하는 손님이 병이지. 감기처럼 치료받지 않으면 7일이나 아프지만 치료만 받으면 1주일 만에 낫는 병도 있고, 치질이나 무좀처럼 만성적으로 더불어 살아가야 하지만 당장 생사를 가를 가능성이 낮은 병도 있고, 심장에 관련된 병처럼 심각한 병도 있지. 그러나 어떤 병이든 병은 사람을 괴롭게 한단다. 말 그대로 몸이 아프고, 직장 생활 같은 정상적인 삶을 계속할 수 없게 만들고, 가족을 비롯한 사람들과의 관계도 변화시키는 실로 막강한 힘을 가지고 있는 게 이 병이라는 놈이지."

호당 선생은 지성을 바라보며 슬그머니 미소 지었다.

"너는 어디 아프지 않니? 중2병은 약도 없고 부작용만 엄청나다던데."

"무슨 말씀이세요?"

"모른 척하기는. 그래, 너처럼 재미없는 녀석은 중2병이 먼저 피해 다닐지도……."

호당 선생은 멋쩍은 듯 말끝을 흐리며 다시 병 이야기로 돌아왔다.

"병이라는 현상은 다양한 측면을 가지지. 보통 병이라고 하면 생물학적으로 몸의 기능에 이상이 생기는 것만 생각하기 쉬운데 사실 병, 혹은 질병 경험은 온갖 감정을 다 겪게 한단다. 아무래도 병에 걸리면 부정적 감정이 훨씬 많이 생기는데, 때로는 몸의 괴로움보다 마음의 괴로움이 증세를 더욱 악화시킬 수도 있지. 물론 그 반대도 가능하고. 오 헨리의 「마지막 잎새」를 생각하면…… 읽어 봤니?"

"네, 읽어 봤어요. 저도 담벼락에 담쟁이 잎을 그릴까요?"

지성이 억지 미소를 지으며 말하자 호당 선생은 그의 머리를 쓰다듬었다.

"그 이야기에서는 베어만 영감이 젊은 존시를 위해 그림을 그렸지. 나이로 보면 내가 나가야겠는데? 아, 내가 그리면 너무 가짜 같아서 역효과가 나겠구나. 수명 단축의 마법!"

"하하하."

이번에는 지성도 정말로 웃었다.

"그래, 웃으니 보기 좋구나. 지성아, 몸이 아프지만 나는 꽤 행복하단다. 몸이 아플 때, 특히 장기간 투병할 때 가장 힘든 게 뭔지 아니? 병실에 누워서 의료진의 지시에 따라 행동하다 보면 한없이 무기력해진단다. 또 입원 초기에는 병문안 오는 사람도 좀 있지만 오래 있으면 사람들 발걸음도 뜸해져서 외롭고. 이른바 자율성과 사회성이 극도로 떨어지는 게지. 내가 경험해 보니 이 두 가지는 자존감과 아주 깊이 연결되어 있더구나. 스스로 아무것도 선택하고 결행할 수 없는 존재라는 생각, 그리고 관계망에서 단절되고 고립되었다는 생각이 마음을 무너뜨리더라고. 몸의 병은 고쳤지만, 투병 생활하며 무너진 자존감을 회복하지 못해 어려워하는 사람들도 드물지 않게 있지."

호당 선생은 길게 숨을 들이마셨다.

"그래서 폴 투르니에 선생 같은 분은 의료 기술로써의 의학만이 아니라 의사와 환자가 인격적으로 만나는 '인격 의학'을 주창하셨지. 마땅히 그리스도인이라면, 또한 그리스도인들의 공동체는 병으로 괴로워하는 사람과 인격적으로 접촉해야 한단다. 괴로움을 겪고 있는 사람의 사회적인 관계가 단절되지 않도록 친구가 되어 주고, 부정적 감정 가운데 스스로 위축되지 않도록 격려해 주어야겠지. 의사처럼 병을 고치는 일에 직접 참여하지 못하더라도, 어떤 면에서는 그 또한 예수님의 치유 사역에 동참하는 방법이 아니겠는가 싶구나. 으음……."

호당 선생의 미간이 다시 일그러졌다.

"병으로 인한 괴로움은 내가 유한한 인간이라는 점을 계속해서 상기시켜 준단다. 병에는 유익하고 긍정적인 면도 적잖이 있지. 질병 가운데 우리는 하나님을 신뢰하고 의지하는 법을 배울 수 있으니 말이다. 바울 사도는 고린도후서 12장에서 병이 낫게 해달라고 세 차례나 기도했으나 병이 여전히 남아 있었다고 말하지 않았느냐. 그는 약한 데서 온전하여지는 능력으로 인해 오히려 크게 기뻐하겠노라고 고백하였지."

"할아버지, 이제 정말 말씀 그만하고 쉬세요."

"말 그만하라고? 나처럼 말 많은 사람은 입에서 말이 끊어지는 순간이 마지막 때란다. 말 좀 하게 내버려 두거라."

호당 선생은 오른손으로 가슴을 부여잡고 말을 이었다.

"병의 유익한 점을 나열하라면 얼마든 더 할 수 있겠지. 하지만 그렇다고 병 자체를 하나님의 뜻으로 성급하게 정리해 버려서는 안 될 게야. 특히 아픈 사람 앞에서 '하나님의 뜻'을 운운하고 '돌이키고 회개하라'는 식으로 말하는 건 정말로 조심해야 한단다. 하나님은 질병과 고통을 상대로 싸우시는 분이라고 믿는단다. 성경이 악惡의 기원을 명쾌하게 설명하는 대신 악과 싸워 승리하시는 하나님 나라의 역사를 기록하고 있다는 점과 마찬가지지."

호당 선생은 그 뒤로 말이 없었다. 지성은 큰 소리로 한 사람을 찾았다.

"할머니, 할머니!"

"왜 그러니, 무슨 일……."

느긋하게 방에서 나오던 할머니는 상황이 뭔가 이상하다는 것을 알고 종종걸음으로 다가왔다.

"여보, 가슴이 아픈 거예요?"

"……."

"지성아, 얼른 119에 신고하거라. 심장 병력이 있는 노인이라는 말을 꼭 덧붙이고."

지성이 급하게 전화를 돌리는 동안 할머니는 익숙하고 부드러운 동작으로 호당 선생을 소파에 눕혔다.

"조금만 참으시우. 곧 구급차가 올 거예요."

"……."

지성은 들릴 듯 말 듯한 신음 소리를 흘리고 있는 호당 선생을 바라보았다. 그의 이마에는 식은땀이 송골송골 맺혀 있었다. 그리고 침착한 목소리와 달리 할머니의 눈은 붉게 충혈되어 있었다.

"막상 갈 때는 마음이 어떻게 변할지 알 수 없으나,
적어도 지금은 나 역시 '감사합니다'라는 말로
삶을 마무리하고 싶구나."

32
호당 선생, 죽음을 말하다

지성아 많이 놀랐느냐? 쉽지 않겠지만, 그래도 심호흡하며 마음을 진정시켜 보거라. 네가 이 편지를 보고 있는 지금, 아마도 내 몸에 무슨 일이 생겼을 테지. 이 편지를 볼 수 있는 것이 네게 얼마나 다행인지 모른다. 올 때는 순서대로 오지만 갈 때는 꼭 순서대로 가는 법이 없는 게 인생이 아니더냐. 네 아비 지웅이가 먼저 간 건 슬픈 일이지만, 그 다음으로 내가 가게 되어 참 다행이다.

나이 먹으면 갈 때를 어렴풋이 안다고 하는 말을 처음 들었을 땐 믿지 않았단다. 하지만 요즘엔 나도 조금 알 거 같구나. 초콜릿의 풍미도 그저 그럴 때가 종종 있을 정도로 미각이 둔해져 버렸거든. 나이 먹으니 여기저기서 부속품 내구연한이 다

되었다고 비명을 지르기도 하고 말이야. 전에도 마지막을 생각하며 새해가 시작될 때마다 유언장을 다시 쓰곤 했는데 지성이, 네 편지는 써 둔 게 없어서 정월은 아직 멀었지만 급히 몇 자 적어 본다.

지성아, 너무 많이 슬퍼하진 말거라. 태어나 나이 먹고 아프고 세상을 떠나는 생로병사 과정 전체가 자연스러운 삶이지 않느냐. 죽음은 슬픈 것이기는 하나, 그 또한 삶의 일부분이란다. 일찍이 유진 피터슨 선생은 "나는 임종의 순간에 드리는 마지막 기도가 '제발'이 아니라 '감사합니다'이어야 한다고 생각한다. 마치 손님이 문 앞에서 주인에게 말하듯이 감사 기도를 바쳐야 한다. 비행기가 추락할 때, 승객들은 '감사합니다'라는 말을 하며 공중으로 사라진다"라고 말씀하신 바 있단다.[1] 글쎄, 모르겠다. 막상 갈 때는 마음이 어떻게 변할지 알 수 없으나, 적어도 지금은 나 역시 "감사합니다"라는 말로 삶을 마무리하고 싶구나.

혹 별로 슬프지 않은데 내가 지레짐작으로 너무 오버한 게냐? 사실 너무 슬퍼하지 않아도 좀 서운할 것 같긴 하구나. 이 놈의 변덕……. 슬픔 또한 하나님이 주신 감정이니, 천에 하나 만에 하나 눈물이 날 것 같으면 흐르도록 좀 내버려 두기도 하거라.

가끔 그리스도인들 중에는 죽은 이가 좋은 곳에 갔으니 울면 안 된다고 우는 이들을 다그치는 사람이 있는데, 참으로 극악무도한 행위라 아니할 수 없단다. 그건 우는 이의 아픔에 공감할 줄 모르는 행동일 뿐만 아니라 하나님에 대해서도 크게 오해한 행동이지. 하나님은 부정적인 감정 속에서도 당신을 발견할 수 있는 길을 열어 주신 분이란다.

편지 쓰기 얼마 전에 우연히 읽은 책이 한 권 있단다. 랍 몰이란 분이 쓰신 「죽음을 배우다」라는 책인데, 보석 같은 이야기가 가득하더구나. 언제 시간이 되거든 내 서가에서 찾아 읽어 보거라. 그 책을 통해 새로운 것도 배우고 마음가짐도 다잡을 수 있었지.

특히 「아르스 모리엔디」(Ars Moriendi, 죽음의 기술)라는 제목을 달고 인쇄된 소책자 이야기는 정말 인상적이더구나. 죽음을 준비하는 내용을 소책자로 만들어 나누다니……. 그래, 예수 그리스도의 죽음과 부활에 동참하는 것을 신앙 고백으로 부르짖는 사람이라면, 죽음 맞을 준비를 언제든 하고 있어야 하는데…… 의식하지 않으면 자꾸 잊어버리게 되는, 그것을 일깨워 준 책이었어. "유언과 화해, 회개와 다음 세상에 대한 영적 준비"가 있어야만 좋은 죽음이라고 하더구나.[2] Ars Moriendi…….

그래서 나는 다가올 죽음을 깊이 생각하며 준비하고 있는 중이란다. 네가 지금 읽고 있는 이 편지도 준비의 일환이지. 가끔 눈을 감고 내 장례식에 찾아올 사람들의 모습도 그려 본단다. 혹시나 사이가 틀어져 장례식에도 나타나고 싶어 하지 않는 사람이 있을지 생각해 보고, 불쾌한 감정이 조금이라도 남은 사람과는 화해하려고 애쓰고 있지. 죽어서 좋은 곳에 갈 궁리하는 것보다 더 중요한 죽음의 준비는 깨어진 관계를 다시 이어 붙이는 것이 아니겠느냐.

한데 지성아, 죽음을 준비하는 아주 좋은 방법이 또 하나 있단다. 시편에는 "우리에게 우리 날 계수함을 가르치사 지혜의 마음을 얻게 하소서"(시 90:12)라는 구절이 있지. 돌이켜 보면 살아온 날을 하루하루 헤아리는 것만으로도 꽤 많은 지혜를 얻었다고 할 수 있어.

언젠가 찾아올 (네게는 아직 너무 먼 날로 여겨지는, 하지만 조금만 시간이 지나면 네 앞에도 임박할) 죽음을 준비하다 보면 자칫 현실에서 무기력해지기 쉽단다. 현실에 낙망한 사람이 극단적인 종말론에 빠지는 것과 비슷한 마음이랄까? 이런 때에 할 일이 바로 하루하루를 헤아리는 것이란다. 주께서 주신 오늘, 매일매일을 소중히 여긴다면 마지막 그날도 소중한 날이 되는 게지.

지성아, 내 비록 그분들에 비할 바는 아니나, 이삭과 야곱은 임박한 죽음을 감지하고 다음 세대를 축복하였지. 나는 네게 어떻게든 죽음을 피하려 드는 믿음 없는 사람들과 다른 삶을 살라고 권하고 싶구나.

죽음이란 슬픈 이별이나 또한 자연스러운 삶의 한 부분임을 받아들이되 매일을 계수하며 하나님과 이웃을 바로 보는 눈을 뜨거라. 어느 날 갑자기 모든 사람들이 앞을 보지 못하게 된 상황을 그린 소설 속 주인공의 이야기를 적어 둘 테니 마음에 담아 두거라.

> 게다가 이제 우리는 또 눈이 멀어서 죽을 거예요. 내 말은 우리가 실명과 암으로, 실명과 결핵으로, 실명과 에이즈로, 실명과 심장 마비로 죽을 거라는 거예요. 병은 사람마다 다를 수 있지만 지금 정말로 우리를 죽이고 있는 것은 실명이라는 거죠. 우리는 불멸의 존재가 아니에요. 우리는 죽음을 피할 수 없어요. 하지만 우리는 적어도 눈은 멀지 말아야 해요, 의사의 아내가 말했다.[3]

지성아, 나는 이제 자러 가야겠다. 지웅이가 먼저 잠들어 있는 주님의 기억 속에 나도 누워야겠다. 내게도 "수고를 그치고 쉬리니"(계 14:13)라는 말씀대로 주님의 사랑 안에서 깊이 쉴 날이 왔구나. 언젠가는 너도 우리 곁에 누울 테지. 그리고 모두 잠에서 깨는 날, 곧 온전한 육신으로 부활하는 그날에 마치 어제 헤어졌다 다시 만나는 것처럼 반갑게 손을 맞잡을 테고.

그날에 다시 보자꾸나, 지성아.

追伸

초콜릿이 남아 있는데, 너랑 할멈이 먹기엔 좀 많을 게다. 다른 사람들에게 나누어 주거라. 생전 단 것에 탐닉했으니 세상 떠나는 마당에라도 좀 나누어야겠구나. 어찌 나누어 줄지 방도가 분명치 않거든 오덕이와 상의해 보아라. 네가 오덕이를 미덥잖아 하는 것은 안다만, 그래도 성품이 악한 아이는 아니니 모자란 형 건사한다 생각하고 가까이 지내거라.

---

[1] 유진 피터슨, 「목회 영성의 흐름」, 차성구 역 (서울: 좋은씨앗, 2002), 123쪽.
[2] 랍 몰, 「죽음을 배우다」, 이지혜 역 (서울: IVP, 2014), 55쪽.
[3] 주제 사라마구, 「눈먼 자들의 도시」, 정영목 역 (서울: 해냄, 2002), 417쪽.

호당 선생,
일상을 말하다

"식욕만 채우는 건 본능적으로 쑤셔 넣으면 되는데
옷은 보고 배우지 않으면 어디에 쓰는 물건인지 모르겠어요"

33
호당 선생, 옷을 말하다

딩동~

초인종 소리가 쓸쓸한 집에 울려 퍼졌다. 홀로 있던 지성은 고개를 번쩍 들었다.

"누구세요?"

"형이다."

"네……."

지성이 문을 열자 오덕과 또 한 사람이 들어섰다. 귀 끝이 보통 사람보다 뾰족하고 다소 냉정해 보이는 인상의 남자였다.

"이쪽은 내 친구 수복이다. 우리는 보통 스팍이라고 부르지."

"쓸데없는 소리!"

스팍이라 불린 남자는 오덕의 말꼬리를 싹둑 자르며 지성에게 말했다.

"네가 지성이구나. 오덕이에게는 이야기 들었다. 이 녀석의 말도 안 되는 소리를 합리적으로 반박할 줄 아는 새싹이라고."

"스팍, 그게 무슨 소리야. 나는 평생 사리에 안 맞는 말을 해 본 적이 없어."

오덕은 이마에 핏대를 세웠다. 지성이 자기도 모르게 고개를 끄덕이는 것을 보았기 때문이다. 하지만 스팍은 오덕의 행동에도 아랑곳하지 않고 자기 이야기를 계속했다.

"할머니는 먼저 가셨지?"

"예……."

스팍은 지성을 위아래로 훑어보더니 손에 들고 있던 것을 내밀었다.

"대강 맞을 거 같은데, 한번 입어 봐라."

"그래. 내 옷을 빌려주고 싶은데, 나처럼 기골이 장대하고 건장한 성인의 옷은 네게 잘 안 맞을 거 같아서 내 친구 중에서 가장 왜소한 녀석에게 부탁했지."

"이게 뭔가요?"

"검정 양복이야. 상복 대신 입으라고 가져왔다."

"상복……."

지성은 목구멍이 콱 막히는 느낌을 받았다.

"고맙습니다. 갈아입고 올게요."

"천천히 하렴. 우린 여기 앉아서 기다리고 있을게."

오덕은 지성의 어깨를 두드렸다. 지성이 옷을 갈아입으러 방에 들어간 사이 두 사람은 거실 소파에 앉아 대화를 나누었다.

"스팍, 그렇게 직설적으로 말할 필요는 없잖아."

"어린아이가 아니야. 충분히 받아들일 수 있어. 정확히 말하는 게 더 도움될 거라고 판단했다."

"말을 말자. 이 벌컨족 같은 녀석!"

오덕이 어깨를 으쓱하자 스팍은 나지막이 말했다.

"옷은 왜 입어야 하는 걸까?"

"왜 입냐니? 의식주^{衣食住}는 생활의 가장 필수적인 요소잖아."

오덕의 단호한 말에 스팍은 고개를 가로저었다.

"먹지 않고는 살 수 없지. 하지만 옷을 입지 않는다고 바로 생명을 잃나?"

"그, 그건 아니지…… 하지만 부끄럽잖아. 추위나, 뭐 다른 건 둘째 치고라도 말이야."

"바로 그거야. 의식주^{衣食住}에서 옷[衣]이 가장 먼저 오는 게 이상하다고 생각해 보지 않았나? 세 가지 중 생명 활동에 가장 중요한 것은 먹는 것^{食}이니, 식의주^{食衣住}나 식주의^{食住衣}로 읽는 게 더 정확한 게 아닐까?"

오덕은 머리가 복잡해졌는지 관자놀이를 누르며 물었다.
"그래서 하고 싶은 말이 뭐야?"

> "음식과 집은 꼭 필요한 것이지만 잠시 없어도 참을 수 있지. 하지만 옷은 그것 없이는 잠시도 참을 수 없다는 게 특이해. 물론 다른 사람들과 함께 있다는 것을 전제한 상황에서 말이야. 옷이라는 거…… 참 독특한 주제가 될 수 있겠군."

"어르신이 계셨으면 더 많은 이야기를 들려주셨겠지."

두 사람 사이에 침묵이 흘렀다. 그때 양복을 입은 지성이 걸어 나왔다.

"이것 좀 도와주시겠어요? 넥타이는 매 본 적이 없어서요."

"오, 딱 맞구나. 역시 청소년기에 발육이 멈춘 녀석의 옷이야."

"가까이 와 봐라."

스팍은 오덕을 무시하며 지성의 목에 걸린 넥타이를 이리저리 만졌다. 하지만 너무 짧게 되거나 너무 길게 되어 버려서 넥타이 모양이 잘 나오지 않았다. 오덕이 곁에서 보다 답답해서 거들기 시작하자 상황은 더 엉망이 되었다. 결국 스팍이 자기

목에 넥타이를 걸어 맨 후 구멍을 넓혀 지성에게 씌워 주는 방식을 선택하고서야 해결되었다.

"남의 넥타이를 매 줄 일은 없어서……."

"왜? 남자 친구 넥타이 가끔 안 매 줘?"

"……."

대답할 가치가 없는 것인지, 대답하지 못한 것인지 스팍은 침묵으로 응수했다.

"옷 입는 것, 넥타이 매는 것…… 모두 배워야 할 수 있는 것이군요. 먹는 건 안 배워도 본능으로 하는데, 물론 잘 먹으려면 배워야 하지만요. 식욕만 채우는 건 본능적으로 쑤셔 넣으면 되는데 옷은 보고 배우지 않으면 어디에 쓰는 물건인지 모르겠어요."

"그렇지? 갑자기 생각나는데 성경에도 옷 이야기가 한 번씩 나왔던 거 같군."

"잠시만요."

지성은 방으로 들어가 낡은 수첩을 하나 가져왔다.

"아, 어르신의 수첩이구나. 할머니께는 보여 드렸어?"

"네. 저보고 잘 간수해 달라고……."

지성은 콧망울을 실룩거리며 눈을 크게 깜빡거렸다.

"찾았어요. 옷에 대한 이야기도 있네요."

"이리 줘 봐라. 나도 좀 보자."

오덕은 빼앗듯이 수첩을 가져가 소리 내 읽기 시작했다.

"성경에 등장하는 최초의 옷은 무화과 나뭇잎으로 조악하게 만든 것이었다. 하나님과의 관계가 단절되고 수치에 눈뜬 순간, 인간은 부끄러움을 가리기 위해 옷을 입기 시작했다. 하나님은 그런 인간의 잘잘못을 採根…… 스팍, 이거 뭐라고 읽는 거냐?"

"채근. 캐묻거나 따지고 든다는 뜻이야."

"알아. 그냥 발음만 가르쳐 주면 되잖아! 아무튼…… 인간의 잘잘못을 채근하는 대신 손수 가죽옷을 지어서 그들의 부끄러움을 가려 주셨다. 따라서 옷은 일상생활 속에서 하나님의 은혜를 묵상하게 인도해 주는 밀착된 상징물이다. 로마서 13장 14절에는 '오직 주 예수 그리스도로 옷 입고 정욕情欲을 위하여 육신肉身의 일을 도모圖謀하지 말라'는 말씀이 있다."

오덕은 휴대전화의 인터넷 브라우저를 실행시켜 수첩 속 한자를 찾아 읽으며 투덜거렸다.

"그냥 한글로 써도 될 것을 왜 이렇게 한자를 섞어 쓰셨을까?"

"한자가 편한 세대시니 그렇지. 너처럼 어깨에 힘주려고 하진 않으셨을 거야."

"흥!"

오덕은 콧방귀를 뀌며 수첩을 계속 읽었다.

"로마서가 말하는 바는 의복의 문제가 삶의 문제와 직결되어 있다는 것이다. 강영안 교수는 '옷 입는다는 것은 이처럼 결국 어떤 삶을 살아가는가 하는 문제이다'라고 말한 바 있다."

"어르신의 목소리가 들리는 거 같군."

스팍의 말에 두 사람은 말없이 고개만 끄덕였다.

---

[1] 강영안, "옷을 입는다는 것", 〈Seize Life〉, 제10호, 26쪽.

"자기도 모르게 하나님의 사자를 대접한 아브라함처럼
우리도 하나님의 사자를 대접하기 위해 땀을 흘려야겠어."

34
호당 선생, 식사를 말하다

　대낮임에도 불구하고 하늘은 어두웠다. 짙은 회색 구름이 하늘을 가득 채웠기 때문이다. 이윽고 한두 방울 빗물이 떨어지기 시작하자 세 사람은 걸음을 재촉하였다.
　"젖겠군, 좀 더 빨리 가는 게 좋겠어."
　"스팍, 비가 오니 어르신 생각이 더 나."
　오덕은 빨리 움직이자는 스팍의 말은 아예 듣지 못한 것처럼 자기 이야기를 계속했다.
　"어르신은 비가 오고 나면 늘 고기 생각이 난다고 말씀하셨지. 노아의 홍수가 끝난 후에야 비로소 사람에게 육식이 허락된 것 때문에 그렇다고 하시면서. 고기 굽는 솜씨로는 어르신 따라 올 사람이 없었는데……."

"알겠으니 뛰기나 하자고! 비가 크게 쏟아질 모양이야."

"비라…… 나도 고기 생각나네. 빨리 가서 수육 한 접시 먹어 줘야겠어."

오덕은 말을 마치자마자 뒤도 돌아보지 않고 달리기 시작했다. 남겨진 두 사람은 서로 마주보며 어깨만 한 번 추켜올렸다.

"가자, 지성아."

"네."

두 사람도 뛰다시피 속도를 올렸다. 이윽고 장례식장에 도착했을 때, 그곳에는 달음박질쳐 온 오덕이 기다리고 있었다.

"벌써 한 그릇 하셨구먼."

"스팍, 너도 지성이랑 밥 먹고 와. 할 일이 많아."

오덕은 천연덕스럽게 대꾸하며 와이셔츠 팔목을 걷어 올렸다. '할 일이 많아'라는 말이 참이었는지, 그때부터 오덕은 이마에 구슬땀을 흘리며 문상객들을 맞았다.

"밥 다 먹었어. 교대하자. 응? 저분들은 처음 보는 것 같은데, 넌 아는 분들이야?"

"아니."

"분위기가 이상한데……."

"됐다. 스팍, 괜히 사람 의심하지 말고 일이나 해."

오덕은 흘러내리는 땀을 소매로 훔치며 말을 끊었다. 한편 지성은 대화의 소재가 된 문상객 두 사람을 한참 동안 관찰했다.

"조문도 건성으로 하고, 자기들끼리만 알지, 여기 있는 누구와도 안면이 없는 것 같네요. 밥 먹기 위해서 모르는 사람 결혼식이나 장례식에 가는 사람이 있다던데, 혹시 그런 경우일까요?"

"지성아…… 지성아, 느낌으로 사람을 의심하는 것은 좋지 않아. 그리고 설사 너나 스팍이 생각하는 그런 경우라 하더라도 어르신이 살아 계셨다면 밥 한 그릇 맛있게 드시고 가라고 하셨을 거야."

오덕은 돌연 목소리를 낮게 깔았다. 전에 없이 진지한 오덕의 모습에 지성은 입을 다물고 이어지는 말을 경청했다.

"어르신은 성경 속에는 낯선 이를 대접한 사람들의 이야기가 풍성히 담겨 있다며 나그네 대접이 하나님 백성의 중요한 사명이라고 종종 말씀하셨어. 가루 한 움큼, 기름 조금이 가진 것 전부였던 사르밧의 과부가 자신이 가진 전부로 엘리야를 대접하자 하나님은 과부의 가루와 기름을 화수분처럼 마르지 않게 하셨고(왕상 17:8-16 참조), 상실감에 빠진 채 엠마오로 향한 두 사람은 길 가던 중 우연히 만난 어떤 사람에게 '저녁 때가 되고, 날이 이미 저물었으니, 우리 집에 묵으십시오'(눅 24:29, 새번역)라고 말한 그날 저녁, 함께 떡을 나눈 이가 자신들의 스승인 예수님이신 것을 알게 되었어(눅 24:28-31 참조). 성경은 먹는 것을 통한 손님 대접의 중요성을 여러 곳에서 일깨워 준다고 어르신이 말씀하셨지. 아, 창세기 이야기도 여러 번 하셨어. 상수리나무 곁에서 더위를 피하고 있던 99세의 노인 아브라함이 고개를 들고 보니, 세 사람이 자기 앞에 서 있어서 자기 거주지를 방문한 외지인을 잘 먹이고 쉴 수 있게 해주는 당시의 풍습을 따라 그들을 대접했다고(창 18:1-8 참조)."

"최근에 읽은 재미있는 글이 생각나는군."

"재미있는 글? 벌컨과 로뮬란¹의 금지된 사랑 이야기?"

"쓸데없는 소리…… 창세기 19장과 사사기 19장의 주제를 흔히 동성애라고 생각하는데, 사실 그 본문은 자기 지역을 찾아온 나그네를 어떻게 대접하느냐를 다룬다는 글이었지."²

"창세기는 아브라함과 롯을 찾아간 하나님의 사자들 이야기일 테고, 사사기는 레위인의 첩 이야기겠네요."

지성이 말을 거들자 스팍이 웃으며 지성의 머리를 쓰다듬어 주었다.

"맞아. 그 글에는 '소돔 사람들과 베냐민 기브아 사람들은 이 소수의 나그네를 향하여 다수의 힘을 이용한 폭력을 휘둘렀고, 그것이 동성애라는 코드를 타고 발현되었을 뿐이다. 그에 비해 창세기는 아브라함과 롯 모두 자신들을 찾아온 나그네를 대접함을 통해 하나님을 대접하였음을 보여 준다[3]고 되어 있더군."

"저도 책이 한 권 생각나요. 「예수님이 차려 주신 밥상」이란 책인데요. 어디 보자……."

지성은 가방을 뒤적거리더니 호당 선생의 수첩과 비슷하게 생긴 수첩을 하나 꺼냈다. 오덕과 스팍은 묘한 눈빛으로 지성과 수첩을 번갈아 바라보았다.

"예수님의 식사는 그분이 전하신 은혜의 메시지와 그것을 구현하는 그분의 공동체와 그 선교 사명을 들여다보는 창이다. 그래서 이 책은 은혜와 교회와 선교를 다룬 책이라고 할 수 있다. 그러나 식사는 비유에 그치지 않는다. 식사는 하나님의 은혜를 구체적으로 보여 주고, 공동체와 선교 사역이 구체적인 형태를 갖게 한다. 은혜도 공동체도 선교도 식사 없이는 안 된다."[4]

"식사가 비유에 그치지 않고 구체적으로 하나님의 은혜를 보여 준다는 말이 참 멋지네. 자기도 모르게 하나님의 사자를 대접한 아브라함처럼 우리도 하나님의 사자를 대접하기 위해 땀을 흘려야겠어."

오덕은 어깨를 으쓱하며 두 사람이 앉아 있던 곳을 바라보앉다. 어느새 그들은 사라졌고 새로운 문상객들이 자리를 메우고 있었다. 지성이 말했다.

"어, 그새 없어졌네요. 어디로 가셨을까요?"

"다음 목적지는 소돔성이려나? 나그네를 대접하기는커녕 폭력을 휘두르려 한다면 거기가 바로 소돔성이겠지."

지성은 눈을 동그랗게 뜨고 물었다.

"갑자기 왜 이렇게 유식해지신 거예요?"

"주제가 '먹는 것'이기 때문이지. 이 녀석은 어르신이랑 밥으로 3차까지 갔던 사이거든."

스팍의 말에 지성은 환하게 웃었다. 스팍도 어색하게 마주 웃으며 말했다.

"가자, 하나님의 사자들을 섬기러."

---

[1] 미국의 텔레비전 드라마 〈스타트렉〉 시리즈와 동명의 영화에 등장하는 두 종족으로 같은 뿌리에서 갈라져 긴장 관계를 맺고 있다.
[2] 김근주, "먹고 마시는 기쁨과 하나님을 닮아 감", 〈Seize Life〉, 제6호, 30-42쪽.
[3] 같은 책, 38쪽.
[4] 팀 체스터, 「예수님이 차려 주신 밥상」, 홍종락 역 (서울: IVP, 2013), 18쪽.

호당 선생,
일상을 말하다

"나는 집에 돌아가야
비로소 나다운 내가 되었다는 느낌을 받을 때가 많아."

35
호당 선생, 집을 말하다

●
●

 호당 선생이 세상을 떠나고 두 해가 흘렀다. 처음에는 집이 텅 빈 것 같았지만, 빈자리는 점차 다른 것들로 메워졌다. 남편을 먼저 보낸 후 깊은 슬픔에 잠겼던 할머니는 밥 먹고, 잠자고, 텔레비전 보고, 친구들을 만나 수다 떠는 평범한 생활로 돌아갔다. 이따금 남편에게 쏟아 놓던 잔소리는 한 집에 머물고 있는 지성과 종종 집에 찾아오는 오덕에게 이어졌다.

 지성은 호당 선생의 책꽂이를 맹렬히 섭렵해 갔다. 고골리(1809-1852)와 도스토예프스키(1821-1881), 톨스토이(1828-1910), 고리키(1868-1957) 등 러시아 작가들을 탐욕스럽게 읽은 후 그리스 작가 카잔차키스(1885-1957)로 눈을 돌렸다. 그러고는 청록색 하드커버에 세로쓰기로 인쇄된 「希臘人 조르바」에 매료되었다.

지성은 호당 선생의 서재에 몇 안 되는 카잔차키스의 작품을 읽은 후, 그가 사랑했던 서사시를 도서관에서 하나하나 빌려 읽었다. 「신곡」과 「파우스트」를 먼저 읽었고, 호메로스(?-?)의 작품에는 비교적 늦게 손을 뻗었다. 그런데 「일리아스」를 반납하고 「오뒷세이아」를 대출하려는 날, 지성은 오덕을 만났다.

오덕은 지성의 손에 들린 책을 흘끗 보며 말했다.

"오뒷세이아? 고전 서사시도 읽냐? 벌써?"

"지금 읽으면 안 되는 책인가요?"

"몰라, 언제 읽어야 되는지는. 지금 읽을 때랑 나중에 읽을 때 느낌이 사뭇 다를 거란 건 알지만."

"말씀하시는 걸 들으니 벌써 읽으셨나 봐요?"

"트로이 목마 이야기는 워낙 유명하잖냐. 정작 그 부분 읽어 보려고 눈에 불을 켜고 찾아봤지만 못 찾은 건 비밀! 아무튼 덕질도 고급스럽게 하려면 그 정도는 읽어 줘야지. 「일리아스」는 단순한 구성과 캐릭터가 매력적이고 「오뒷세이아」는 복잡하지만 인간적인 면모가 좋고. 사다 놓고 잠 안 올 때마다 가끔 들춰 보곤 해."

오덕이 어깨를 으쓱거리며 말하자 지성의 눈은 이채를 띠었다. 오덕은 뒤통수를 긁으며 말을 이었다.

"책 보니 다시 읽고 싶네. 언제 단 거 먹으며 호메로스 이야기나 하자."

"좋아요, 연락 주세요."

그리고 며칠 후 두 사람은 호당 선생의 집에서 만났다.

"눈이 뻘건데 괜찮으세요? 많이 피곤하신 거 같아요."

"어, 〈날아오르라, 금빛 날개여 X〉가 새로 나와서 플레이하느라 밤을 꼴딱 새웠네. 괜찮아, 견딜 만해."

지성은 쓴웃음을 지었다.

"읽어 보니, 형이 「일리아스」는 단순하고 「오뒷세이아」는 복잡하다고 한 말이 이해가 되요. 「일리아스」에 비하면 「오뒷세이아」는 좀 답답한 거 같아요. 해피 엔딩이라 좋긴 한데 이야기가 시원시원한 맛이 없어요."

"그렇지? 아킬레우스는 자기가 죽을 걸 알면서도 성큼성큼 전진하는데, 오뒷세우스는 어떻게든 살려고 발버둥 치는 게 약간 찌질해 보이기도 하고."

"그러게요. 남자라면, 조르바나 아킬레우스처럼 살아야 할 텐데요."

오덕은 지성의 이야기를 듣고 피식 웃었다.

"죽을 때 죽더라도 자유롭게 훨훨 날고 싶다는 거지?"

"그렇죠."

"나도 그랬는데, 이번에 다시 읽어 보니 아킬레우스보다 오뒷세우스가 더 좋더라. 「오뒷세이아」의 줄거리를 한마디로 줄이면 '집으로 가는 길'이잖아. 예전엔 죽음을 선택하고 집을 떠나는 사람만 영웅인 줄 알았는데, 요즘은 구차하게 목숨을 부지해서라도 갖은 고난을 뚫고 집으로 돌아가는 사람도 영웅으로 보이더라."

지성은 입술을 삐죽거렸다.

"집으로 가는 게 영웅의 삶인가요? 전 잘 모르겠어요. 성경에도 하나님이 아브람에게 떠나라고 말씀하셨잖아요."

"잘 떠나기 위해서라도 집에 잘 머무를 필요가 있다는 생각은 안 해봤니?"

"그건 무슨 궤변인가요?"

"요 녀석이! 궤변이 아니라 스위스의 정신과 의사 폴 투르니에가 한 말이야. 고향을 떠나 다른 곳을 방문하고, 그곳의 사람들과 마음과 마음을 터놓는 관계를 맺기 위해서라도 마음의 고향이 되는 집, 절대 흔들리지 않는 마음의 집이 있어야 한다고 했지. 좀 어렵게 표현하면 '정주定住의 경험 없이는 성공적인 이주移住와 새로운 정착이 가능하지 않다'는 거지."[2]

지성은 입을 다물고 오덕의 이야기를 들었다.

> "사람마다 다르겠지만 나는 집에 돌아가야 비로소 나다운 내가 되었다는 느낌을 받을 때가 많아. 바깥에서는 남의 눈을 의식하느라 나답지 않게 행동할 때가 많지만 집에선 안 그래도 되거든."

"밖이라고 늘 남의 눈을 의식하지는 않는 것 같은데요."

"뭐 그럴 때도 있지. 하지만 밖에서 가끔 나다운 행동을 한다면 그건 거의, 전부라곤 말 못하겠지만 집 안에서 내가 해온 일상적 행동들, 습관이라고 불러도 좋겠다. 아무튼 그것들의 결과물인 거지. 나를 형성하는 공간이랄까? 집에서 반복하던 일상생활이 집 밖에서의 내 모습을 만들었어. 아무튼 그래서 나는 집으로 돌아가는 사람의 이야기가 참 중요하다고 생각해."

지성은 고개를 끄덕였다.

"물론 집 밖의 삶도 일상생활이긴 하지만 집이라는 공간에서 일어나는 일이야말로 가장 근본적인 일상생활이라 할 수 있겠네요. 그리고 형의 이야기는 그 일상생활이 바로 삶을 형성한다는 것이고요. 집은 존재를 형성하는 일상의 장으로 기능하는군요."

"그렇지! 역시 넌 책을 많이 읽으니 어려운 말도 거침없이 하네."

오덕은 지성의 등을 찰싹 내리쳤다. 지성은 미간을 찌푸리며 말했다.

"오뒷세우스처럼 집으로 돌아가기 위해 안간힘을 쓰는 사람도 영웅으로 보인다는 이야기가 이젠 조금 이해될 거 같아요. 단순히 쉴 수 있는 곳으로 돌아가는 것만이 아니라 자기 존재를 가다듬는 가장 일상적인 공간으로 돌아가는 것이었군요."

"맞아. 집을 그저 비바람 피하고 누워 자는 곳만으로 생각한다면 그렇게 악착같이 돌아갈 필요가 없지. 일상적인 공간, 일상생활, 바로 그게 중요한 거 같아. 아, 아쉽네. 어르신이 계셨다면 일상생활에 대한 이야기를 좀 더 들려주셨을 텐데. 지성이 넌 책 읽는 걸 좋아하니, 이 주제를 좀 더 깊이 탐구해 봐. 책도 읽고 어르신이 남긴 글도 읽고……."

"일상생활이요?"

지성은 눈을 빛냈다.

그리고 세월이 흘렀다.

---

1 니코스 카잔차키스, 「希臘人 조르바」, 박석기, 이인웅 공역 (서울: 三省出版社, 1979).
2 강영안, "일상에 대한 묵상(6) 집 짓고 산다는 것", 〈Seize Life〉, 제6호, 16쪽.

호당 선생,
일상을 말하다

"목욕탕은 몸의 영성, 나아가 일상생활의 영성을
시작하기 참 좋은 공간인 거 같구나."

36
호당 선생, 목욕을 말하다

"으음……."

따듯한 물속에 들어가니 신음 소리가 절로 나왔다. 마치 다시 태아가 되어 어머니 배 속으로 들어간 것 같은 느낌이 들었다. 양수에 잠긴 태아가 미성숙한 몸을 조금씩 움직이며 근육을 발달시키듯이 지상과 다른 어색한 기분을 수반하며 팔다리가 천천히 움직이기 시작했다. 비만 탓에 내 몸인데 내 몸처럼 움직이지 않던 사지가 물속에서는 부드럽게 움직였다. 오덕은 자신감을 가지고 조금 더 적극적으로 팔다리를 뻗어 움직였다.

"아저씨, 물 튑니다."

"아, 죄송합니다."

하지만 목욕탕 안에서의 과도한 스트레칭은 이웃에게 폐가 되는 법이다. 오덕은 고개를 꾸벅 숙여 사과하며 다리를 조신하게 오므렸다. 한데 어딘지 모르게 익숙한 목소리였다. 괜한 오해를 사기 싫어 목욕탕에선 다른 사람을 유심히 보는 편이 아니지만 궁금한 느낌을 참을 수 없어 안경을 벗어 물에 한 번 헹구었다.

"지성아!"

"예, 형님."

물줄기 때문에 약간 굴절되긴 했지만 미소 짓는 얼굴이 선명하게 보였다.

"정말 너 맞구나. 이게 얼마 만이냐?"

"한 십칠팔 년 만인가요? 연락이야 종종했지만 얼굴 보는 건 정말 오래간만이네요."

"맞다. 벌써 그렇게 세월이 흘렀구나. 그런데 처음부터 나인 줄 알고 일부러 그런 거니?"

지성은 씨익 웃으며 말했다.

"그럼요. 몸이 더 많이 커지셨지만, 처음 욕탕에 들어올 때부터 오덕 형인 줄 알아봤었지요."

"그럼 처음부터 부르지."

"과하게 몸 푸시는 걸 보니 재미있더라고요. 하나도 안 변하셨네요."

오덕은 웃으며 고개를 설레설레 흔들었다.

"요즘 네 소식은 자주 듣고 있다. 흘려보냈던 일상생활의 의미를 다시 생각하자는 운동을 하고 있다면서?"

"형님께서 일상생활에 관심을 가져 보라고 하신 덕이 크지요. 어르신이 남긴 책과 메모들을 읽고 공부해 보라고 하셨잖아요."

"내가?"

오덕은 멋쩍게 뒤통수를 긁었다.

"네. 형님이 그러셨어요. 아, 형님은 성공하셨다면서요?"

"으응? 나도 모르게 내가 뭘 성공했나?"

"결혼하셨잖아요. '결혼한 덕후는 성공한 덕후다!' 맞지요?"

"아이고······."

오덕과 지성은 함께 웃으며 이런저런 이야기를 주고받았다. 지성에게선 호당 선생의 중년 시절이 이러지 않았을까 싶은 통찰력 담긴 면모가 언뜻언뜻 보였다. 오덕은 오래전으로 돌아가 호당 선생과 그랬던 것처럼 지성과의 대화를 즐겼다.

"저는 늘 여기서 목욕하는데 형님은 처음 보는 거 같아요."

"아, 일 때문에 이 근처를 지날 일이 있었거든. 시간이 좀 남아 잠깐 몸 좀 풀려고 들어왔지. 덕분에 너도 만나고 좋네."

"바쁜 틈을 쪼개 목욕하러 오신 걸 보니 평소에도 목욕을 즐기시는가 봐요."

오덕은 고개를 회전시켜 뻣뻣한 목을 풀며 대답했다.

"좋아하지. 목욕탕에선 누구나 알몸으로 존재하잖아. 바깥에서 입던 옷, 바깥의 지위나 직장은 별로 중요하지 않은, 포장을 벗은 자기 자신으로 있을 수 있는 공간이라 참 좋지. 나처럼 남다른 취미를 가진 사람에게 쏟아지는 시선도 이 안에선 전혀 느낄 수 없으니까 아주 좋아."

"과도한 스트레칭만 조금 자제하신다면요."
"괜찮아. 어느 목욕탕이건 그런 아저씨가 꼭 있어서 불편해하긴 해도 이상하겐 생각 안 할 거야."
"그건 말 되네요."
지성은 씨익 웃으며 말을 이었다.
"오늘도 옷 벗고 거울을 보니 세월 따라 변한 몸이 보이더군요. 근육은 갈수록 줄어들고, 퍼진 어깨도 계속 처지는 걸 보니 살짝 우울한 느낌이 들 때도 있고요. 그래도 그 덕에 저는 목욕탕에 올 때마다 인간의 유한성을 생각하며 하나님 앞에서 겸손할 수밖에 없게 돼요."

"네가 그러면 난 석고대죄라도 해야겠구나. 몸을 맡은 청지기로는 완전 자격 미달이야. 우리 아버지는 크신 분이니 좀 봐달라고 부탁해야겠군."

오덕은 입술을 삐죽 내밀며 얼굴을 과장되게 찌그러트렸다.

"흐흐…… 목욕은 확실히 육체 자체를 직면하게 하는 행동이지요. 흔히 신앙을 영혼의 문제로만 이해하고 몸은 영혼이 머무는 껍데기 정도로만 생각하는 경향이 있는데 목욕탕에서 몸의 영성을 묵상하면 생각이 많이 넓어지는 것 같습니다. 영혼의 고양을 위해 기도하는 것처럼 몸도 정결해져서 거룩한 산 제사로 하나님께 드려져야 한다(롬 12:1 참조)는 생각도 많이 하게 되고요."

"어르신 생각이 많이 나는군. 어르신께서도 영혼을 값어치 있게 생각하고 육신을 하찮게 취급하는 생각이 무수한 신앙의 문제를 만들어 내는 원인이라고 자주 말씀하셨는데."

"맞습니다. 공부할수록 영혼과 육체, 종교생활과 일상생활을 구분하려는 이원론적 태도의 문제점을 많이 발견하게 됩니다."

오덕과 지성은 몸을 닦고 바깥으로 나왔다. 옷장에서 옷을 꺼내 입는 동안 상대적으로 서늘하게 느껴지는 공기가 몸을 감쌌다. 오덕은 지성의 어깨를 툭 치며 말했다.

"뭐 좀 마시자. 달달한 걸로."

"좋지요, 달달한 거!"

마음이 통한 것일까? 오덕과 지성은 동시에 한 사람을 추억했다. 단 것을 그리도 좋아하셨던 그들의 스승을.

"목욕탕은……."

오덕은 눈가의 습기를 슬쩍 훔치며 말을 돌렸다.

"…… 몸의 영성, 나아가 일상생활의 영성을 시작하기 참 좋은 공간인 거 같구나. 네 말마따나 육체 자체를 직면할 수밖에 없는 공간이니 말이야."

"맞아요. 그래서 저도 제자들이랑 자주 목욕탕에 오지요. 몸의 영성 자체에 천착할 수 있을 뿐만 아니라 따듯한 물에 몸을 담그고 있으면 아이디어도 잘 떠오르더라고요."

"아, 네가 사람들을 가르치는 곳 이름이 뭐랬지?"

"정자처럼 생긴 공간이라서 '일상생활을 사랑하는 사람들의 정자'라는 뜻을 담아 상연정常戀亭이라 부르고 있습니다."

"상연정…… 이름 좋네. 언제 한 번 놀러 갈게."

"말씀만 하지 말고 꼭 오세요."

지성은 환히 웃었다. 호당 선생을 꼭 닮은 표정으로!

                  大尾

"상연정(常戀亭)에서……"는 MF 졸업생 소식지인 〈소리〉에 게재된 원고를 수정, 보완한 것입니다. 원고를 사용할 수 있도록 허락해 주신 〈소리〉에 감사드립니다.

번외 편

상연정 常戀亭 에서……

'상연정'은 일상생활을 사랑하는 정자[常戀亭]라는 의미를
지닌 곳이다. 지자(知子)라는 지혜로운 노인이
이곳에서 후학들을 가르치고 있다.

주요 등장인물 소개

지자(智子) 이름은 외자로 성(省)이지만 적신(赤身: 맨몸)이란 호로 불린다. 맨주먹으로 상연정을 지어 그곳에 머물면서 일상생활이 얼마나 가치롭고 고귀한 것인지를 연구하고 전파하기 위해 열정을 쏟는다. 혹자는 사람 좋은 미소를 만면 가득 지으면서도 맘에 안 드는 일은 반드시 지목해서 말한다고 해서 그를 '지적신'(指摘神)이라고도 일컫는다.

종자(從子) 상연정의 제자 중 가장 오랫동안 지자를 따른 제자[從者]. 스승의 말씀을 한 마디도 놓치지 않으려고 필기도구를 손에서 놓지 않는 메모광이며, 스승에 대한 충성심이 남달라서 바닥 청소를 시키면 화장실 청소까지 자청해서 하는 인물이다. 혹자는 그가 지자의 '종'이라서 '종자'가 아닌가 의심하고 있다.

식자(識子) 하나를 들으면 열을 깨닫는 문일지십(聞一知十)의 기재. 아는 것이 많아서 식자(識子)라 불리지만, 유달리 식욕을 절제할 줄 몰라 식자(食子)로도 불린다. 이성적이며 합리적 지식을 추구하는 모더니스트(modernist). 막내 제자인 적자(嫡子)와는 다소 껄끄러운 관계다.

적자(嫡子) 상연정의 막내 제자. 선배들을 무시한 채 "스승의 지혜를 배울 뿐만 아니라 패션과 걸음걸이, 심지어 다이어트 경력까지 본받고 있는 나야말로 진정한 스승의 적자(嫡子)올시다"라며 설레발치는 당돌한 제자다. 그때마다 식자는 싸늘한 눈초리로 그를 바라보며 "하나를 배우면 열을 잊어버리니 너야말로 진정한 적자(赤字) 지성이로다!"라며 비아냥거린다.

맹자(猛子) 종자와 같은 시기에 상연정에 입문하여 동문수학했던 제자. 타고난 성품이 호방(豪放)하고 용맹(勇猛)하여 맹자(猛子)라는 이름을 얻었으나, 한 여인을 만난 후 무엇에 씐 듯 순한 양이 되어 버렸다. 그래서 종자는 그를 사랑에 눈먼 맹자(盲者)라고 부른다.

미희(米姬) 맹자가 사랑하는 여인. 쌀집 맏딸로 태어나서 미희(米姬)라는 이름을 얻었다. 주관이 뚜렷한 데다 어릴 적부터 아버지의 일을 거들며 터득한 사업 수완이 보통이 아니다. 맹자는 그녀의 미모에 눈이 먼 이후 "당신은 아름다운 여인[美姬]이오"라는 찬사를 하루도 거르지 않고 바친다.

1
폭력 충만한 일상

부슬부슬 봄비가 내리는 어느 날, 상연정에 들어선 종자는 우산을 털며 툴툴거렸다.

"거참, 날씨도 마음에 안 드는구나."

"왜요, 무슨 일이 있으십니까?"

먼저 도착해 진공청소기를 돌리고 있던 식자는 의아한 표정을 지으며 물었다. 종자는 손 사례를 쳤다.

"별일 아닐세. 부슬부슬 내리는 비 때문에 기분이 가라앉아서 그랬네."

식자는 청소기의 전원을 끄고 종자를 물끄러미 보았다.

"제가 잘못 듣지 않았다면 사형께서 '날씨도' 마음에 들지 않는다고 하신 것 같았습니다만……."

"어허, 이 사람, 막내 덕분에 눈치가 많이 늘었구먼. 늘 눈치 없다고 타박을 받더니만……."

식자는 쓴웃음을 지었다.

"그 친구 이야기는 왜 꺼내십니까? 사형, 무슨 일이 있긴 있으신 게지요?"

"휴…… 그래, 자네한테까지 감춰서 뭐하겠나? 어젯밤에 딸내미를 몇 대 때렸더니 마음이 영 편치 않네 그려."

식자는 미소를 지었다.

"아이가 올해로 세 살이지요? 어린 것을 때려서 마음이 상하신 거로군요?"

"에휴, 그런 것도 있네만…… 고것이 어제 몇 대 맞았다고 오늘 아침에 아빠 나가는 길에 눈도 마주치지 않으려고 했단 말이네. 다른 날은 배꼽에 손을 얹고 꾸벅 인사를 했는데 말이야."

종자는 한숨을 쉬며 말을 이었다.

"자네가 보기엔 내가 유치하게 여겨질 게야. 사실 나도 그렇게 생각되고…… 한데 말이네, 어린 딸한테 무시당하니 기분이 아주 고약하네 그려."

"어쩌겠습니까. 지금은 아이가 어려서 모르겠지만 나중에는 아버지의 매가 사랑의 매였음을 깨닫는 날이 오겠지요. 성경에도 '매를 아끼는 자는 그의 자식을 미워함이라 자식을 사랑하는 자는 근실히 징계하느니라'(잠 13:24)는 말씀이 있지 않습니까!"

종자는 더욱 깊이 한숨을 쉬었다.

"이런 이야기까지 하려니 참 부끄럽네만…… 그게 말이네, 내 딴에는 사랑의 매라고 때렸는데 돌아보니 참지 못하는 나의 다급한 성품이 매를 들게 만들었다네. 자녀를 노엽게 말라던 성경 말씀(엡 6:4 참조)이 딱 나를 두고 기록된 게 아닌가 싶어."

"……"

식자는 조용히 종자의 얼굴을 바라보았다. 비록 그가 문일지십聞一知十의 기재라 하나 자녀를 기르는 일에는 문외한이나 다름없었다.

○ ○ ○

종자는 침울한 얼굴을 하며 자조적으로 말했다.

"어젯밤에 말일세, 잘 시간이 넘었는데도 아이가 주전자를 가져와서 주둥이를 쭉쭉 빨아 대는 게 아닌가. 그래서 내가 제자리에 가져다 놓으라고 말했지. 그런데 평소에는 시킨 대로 곧잘 하던 녀석이 그날따라 못 들은 체하며 계속 주전자 주둥이를 빨더란 말이지. 내 그래서 효자손을 들고 바닥을 한 번 철썩 치고는 '한 대 맞을래, 주전자 갖다 놓을래?'라고 했지."

"아, 아이가 말을 듣지 않아서 때리셨던 거군요?"

"그렇지! 그런데 이 놈이 때려도 주전자를 꼭 끌어안고 놓질 않더란 말이야. 그때 문득 이상한 느낌이 들어서 혹시 목이 마르냐고 물어봤더니 울면서 고개를 끄덕이는 게야. 그 순간 내가 무슨 생각을 했는지 아는가? '아이고, 나는 아비 자격이 없구나. 주전자 주둥이를 빨기 시작했을 때 물 먹고 싶냐고 한 마디만 물어봤으면 모두가 행복했을 텐데……' 이런 생각이 어제 저녁부터 지금까지 내 가슴을 떠나지 않고 있다네."

"부모 자식만의 이야기가 아니로군요. 듣고 보니 사형의 말씀은 상대방의 필요가 무엇인지에는 관심이 없고 자기 기준에 맞춰 행동을 교정하려는 모든 사람에게 필요한 이야기인 듯합니다."

종자는 담담하게 웃었다.

"역시 자네를 한 번 거치니 변변찮은 내 경험에서도 훌륭한 교훈을 얻을 수 있게 되는구먼."

"과찬이십니다. 다 사형께서……."

"늦었습니다!"

적자의 우렁찬 목소리에 말허리를 잘린 식자의 양쪽 눈썹이 치켜져 올라갔다. 식자는 눈썹을 브이자로 하고는 뭐라 말하려 했으나 이번에도 적자에게 선수를 빼앗겼다.

"아, 고약합니다, 고약해요!"

"늦게 와 놓고 대뜸 하는 소리가 그게 뭔가? 대체 뭐가 고약하단 말인가?"

"사형 표정이 고약합니다. 농담입니다, 사형. 인상 좀 푸십시오. 자꾸 그러시니 진짜 고약해지지 않습니까!"

종자는 헛기침을 하며 둘 사이에 끼어들었다.

"곧 스승님이 오실 테니 그쯤 해두게!"

"예, 사형."

적자는 허리를 조아리며 이야기를 계속했다.

"이사형=師兄 오해 마십시오. 아침에 버스 안에서 댓글로 한바탕 싸움을 했더니 기분이 꿀꿀해서 괜히 그래 보았습니다."

"이제는 댓글로도 시비를 거는가?"

식자가 냉랭하게 대꾸하자 적자도 정색하며 말했다.

"시비는 제가 건 것이 아니라 다른 사람들이 걸었지요. 사형들, 제 말씀 좀 들어 보십시오. 아침에 제가 스마트폰으로 인터넷 뉴스를 읽는데 별 쓰레기 같은 기사가 있질 않겠습니까? 학생들의 인권만 강조하는 풍조 때문에 학생 지도가 갈수록 어려워져 퇴직을 신청하는 교사의 수가 늘어난다고 말이지요. 에둘러 말하긴 했으나 '학생들 두들겨 패지 못하니 선생 노릇 못하겠다'는 이야기가 아니고 뭡니까? 그래서 제가 제 SNS에 그 기사를 링크하면서 몇 글자 적었습니다. '두들겨 패는 것 아니면 학생 지도 못하겠다는 사람들은 빨리 학교 퇴갤'하길 바람'이라고요. 아이고 사형들…… 그때부터 댓글이 얼마나 많이 달리는지요. 이 맛에 노이즈 마케팅을 하나 싶었습니다. SNS를 시작하고 이렇게 많은 댓글이 달린 건 처음입니다. 아니 어째 우리나라에는 자기가 두들겨 맞아서 바르게 자랐다고 생각하는 사람이 그리도 많답니까? 그래서 저도 가만히 있을 수 없어서 새 글을 하나 올렸습니다. '체벌이 그렇게 좋은 거면 학교 졸업하고도 전사회적으로 계속 실시하자. 운전 중 과속으로 잡히면 현장에서 빳다 스무 대 맞고, 회사에서 보고서 뺀찌 먹으면 부장님한테 종아리 맞자. 결혼기념일 까먹은 남편은 밥주걱으로 뺨 맞으면 어떻겠냐?' 그랬더니 이번에는 논리도 뭣도 없는 악성 댓글이 마구 달리는데…… '아, 정말 심약한 사람은 이러다가 자살할 수도 있겠구나' 하는 생각이 다 들었습니다."

적자의 열변에 식자와 종자는 고개를 끄덕였다. 특별히 종자는 더욱 공감하는 듯했다.

"방금 둘째와도 이야기를 좀 했네만, 나 역시 그 문제로 고민을 조금 하고 있다네. 교육적 동기로 폭력을 정당화하는 것이 과연 옳은 건지, 또한 설사 그게 가능하다 하더라도 효과적으로 의도를 달성할 수 있는지 고민이네."

"그렇습니다, 사형. 이 문제는 스승님과 좀 더 심도 있게 이야기해 보아야겠습니다. 그런데 스승님이 오늘 늦으십니다."

식자의 말에 종자는 웃으며 대답했다.

"어제가 결혼기념일이셨다네. 아마도 늦게까지 이벤트라도 하시고 피곤해서 좀 늦으시는가 보네."

"역시 아무리 노력해도 스승님에 대한 충성스러움은 사형을 따를 수 없습니다. 생일은 물론이고 결혼기념일까지 기억하시다니, 대단하십니다."

"부끄럽게 왜 그러나? 스마트폰으로 알림 설정을 해두면 된다네."

종자와 식자가 주거니 받거니 이야기를 하고 있는 동안 적자는 고개를 갸웃거리며 중얼거렸다.

"이상하다. 스승님은 어제 저녁 내내 SNS에 접속해 있다고 메시지가 떠 있던데…… 언제 이벤트를 하실 여가가 있었단 말인가?"

"다들 와 있었느냐?"

지자의 목소리에 세 제자는 일제히 자리에서 일어나 허리를 조아렸다. 그리고 그들은 보았다. 스승의 뺨에 아로새겨진 밥주걱 자국을…….

○ ○ ○

창문을 두드리던 빗소리는 점차 잦아들었다. 이윽고 상연정에 적막감이 가득해지자 제자들은 너나 할 것 없이 입을 다문 채 스승의 얼굴을 쳐다보았다. 지자는 뺨을 쓰다듬으며 헛기침을 했다.

"흠…… 왜 그러느냐? 내 얼굴에 뭐라도 묻었느냐? 아, 혹시 베개 자국이 덜 펴지기라도 했느냐?"

말해 놓고도 민망한지 지자는 쓴웃음을 지었다. 그때 갑자기 종자가 손뼉을 치며 말했다.

"네? 무슨 자국이 있단 말씀이십니까? 그, 그리고 보니 뭔가 흐릿한 자국이 있긴 합니다! 아, 제자는 이제야 알아차렸습니다."

"하하하…… 스승님께서 오늘 급히 나오셨나 봅니다."

종자와 식자가 어색한 웃음을 주거니 받거니 할 동안 적자는 이해할 수 없다는 표정으로 고개를 갸우뚱거리고 있었다.

"사형들, 급히 나오는 것과 베개 자국 사이에 무슨 상관관계가 있는지 소제는 당최 이해가 되질 않습니다. 그리고 눈이 많이 침침하신가 봅니다. 저렇게 선명해 보이는 자국을…… 게다가 베개에 눌린 자국이라고 하기엔 그 모양이 꼭 밥주걱 자국 같은……."

"쯧! 자네는 그것도 모르는가? 나이가 들수록 피부의 복원력이 떨어지는 법일세. 젊은 사람들이야 일어나자마자 허겁지겁 뛰어 나와도 버스 타고 몇 정거장 가다 보면 얼굴이 펴지지만, 나이 많은 사람은 그렇지가 않다네. 평소 스승님께서는 이른 시간에 일어나 눌린 피부를 팽팽하게 펴지도록 세안을 하신 후에 나오셨지! 그러니 스승님의 얼굴에 베개 자국이 남아 있다는 것은 자리에서 일어나신 지 얼마 지나지 않아 급히 나오셨다는 말이 된다네."

처음에는 적자의 말을 끊기 위해 입에서 나오는 대로 주워섬기던 식자는 점점 자기 이야기에 몰입했다. 하지만 지나친 몰입으로 인해 식자는 스승의 얼굴색이 변해 가는 것을 알아차리지 못했다. 지자는 새끼손가락부터 꼼꼼하게 주먹을 말아 쥐며 나지막이 중얼거렸다.

"이 자식들이……."

다행히 스승을 오랫동안 보필해 온 충직한 제자, 종자는 심상치 않은 분위기를 감지할 수 있었다. 종자는 목소리를 높여서 식자의 말문을 막았다.

"자자, 그만들 하게나. 피부 관리 12회 무료 이용권을 선물해 드릴 것도 아니면서 왜 스승님 피부를 두고 그리 말이 많은가! 스승님, 오늘은 어떤 주제로 강론을 하시려는지요?"

"연회비 1억 원씩 하는 피부과는 아이들에게 무리일 테고……."

"예?"

"아, 아니다. 잠시 딴생각을 하느라……."

지자는 뺨을 어루만지며 눈을 깜빡거렸다. 그리고 고개를 가볍게 끄덕이더니 적자를 보며 말했다.

"적자야, 네 SNS에 올라온 게시물을 보았다. 반응이 아주 뜨겁더구나."

"부끄럽습니다, 스승님. 제자는 그저 학생 지도에 폭력이 반드시 필요하다는 사람들의 주장에 기가 막혀서 그만……."

적자는 고개를 숙였다. 지자는 허허롭게 웃으며 적자의 어깨를 두드렸다.

"나도 네가 링크한 기사를 보았느니라. 아주 허접하기가 짝이 없더구나! 그러나 적자야, 허접한 것을 허접하다고 말하는 데에도 요령이 필요한 법이다. 아무리 옳은 말이라 할지라도 지나치게 비아냥거리는 어조로 한다면 반드시 불편해하는 사람이 나온단다. 그러면서 원래의 논쟁은 실종되고 태도에 대한 논쟁만 소모적으로 진행되는 경우도 허다하고……."

"아, 스승님…… 이번에 아주 뼈아프게 실감했습니다. 키워질[2]도 내공이 있어야 가능하다는 것을 말입니다."

> "허허허, 키워질에도 내공이라? 너다운 이야기로구나. 그래, 그 길은 피도 눈물도 없는 아수라阿修羅의 길이지."

○○○

지자는 눈을 지그시 감고 아그립바 상의 굳은 표정을 재현해 보였다. 그리고 잠시 후 눈을 번쩍 떴다. 지자는 LED 조명을 연상케 하는 아우라를 뿜어내며 적자의 얼굴을 바라보았다.

"적자야, 내 너의 분한 마음을 이해하지 못하는 바가 아니다. 하나 네가 간과하고 있는 부분이 있어 한마디 하지 않을 수가 없구나."

"말씀하소서. 제자가 듣겠나이다."

강렬한 빛을 내뿜는 안광에 심령을 제압당하기라도 한 것일까? 적자는 멍한 표정과 목소리로 대답했고 지자는 준엄하게 말을 이었다.

"자신을 피해자로 생각하는 사람은 많아도 가해자로 생각하는 사람은 찾아보기 힘들다. 너 역시 악성 댓글에 상처 받은 피해자라는 생각은 하면서도, 네 글로 인해 누군가 상처 받았을 가능성에 대해서는 생각하지 않고 있다. 너와 나는 모두 폭력의 피해자인 동시에 가해자다."

제자들은 숨을 죽인 채 스승의 이야기를 듣고 있었다. 잠시 후 지자는 조금 힘을 뺀 눈빛으로 적자와 종자, 식자를 바라보았다.

"현대인의 일상생활 가운데서 가장 폭력적으로 변하는 시공간이 어디라고 생각하느냐?"

"군대……가 아니옵니까?"

식자가 조심스레 대답했지만 적자는 고개를 저었다.

"물론 군대는 일반 사회와 비교할 수 없는 수준의 폭력이 존재하는 곳이다. 그것이 물리적 폭력이건 정신적 폭력이건……. 그러나 내가 말하고 싶은 것은 그보다 훨씬 더 일상에 깊이 밀착되어 있다."

지자는 답을 맞히지 못하는 제자들이 안쓰러웠는지 손과 발을 움직이기 시작했다. 종자는 스승의 몸놀림을 보곤 뭔가 깨달았다는 듯이 탄성을 질렀다.

"아! 운전, 운전입니다! 운전을 할 때 많은 사람이 맹수가 됩니다."

"그렇다! 평소에는 온유한 사람이었으나 운전대만 잡으면 링 위의 파이터처럼 표변하는 경우가 얼마나 많더냐!"

지자는 종자에게 기꺼운 미소를 지어 보였다. 거기에 샘이 났는지 적자가 황급히 끼어들었다.

"때마침 그런 사람들에게 꼭 들어맞는 사자성어가 하나 떠올랐습니다."

"오, 어떤 말이더냐?"

"외유내강外柔內剛이옵니다!"

"……"

순간 상연정의 기온이 3.46도가량 내려갔다. 식자는 팔뚝에 오돌도돌 돋아난 닭살을 쓸어내리며 입을 열었다.

"아니 사제, 이 상황에서 외유내강이 왜 나오는 겐가? 자네, 그 말의 의미를 알기나 하는 겐가?"

"사형, 저 좀 그만 무시하십시오. 외유내강, 자동차 바깥에서는 온유하다가 차 안에만 들어가면 완강해진다는 말이 아닙니까!"

식자는 콧방귀를 뀌며 대꾸하는 적자를 향해 측은한 눈빛을 보냈다.

"쯧쯧, 자네의 방식대로라면, 집 밖에서는 설설 기다가 가족들에게만 폭군처럼 구는 가장을 설명하는 말로도 해석할 수 있겠구먼?"

"오, 사형! 역시 응용력이 대단하십니다."

식자는 웃어야 할지 울어야 할지 갈피를 잡을 수가 없었다. 그의 복잡한 심사를 알아차린 것일까? 지자의 음성이 둘 사이를 갈라놓았다.

"외유내강을 그렇게도 사용할 수 있다는 것이 참 재미있구나. 그래, 아무리 부드러워 뵈는 사람이라 해도 내면에는 억압된 폭력이 있게 마련이지. 흔히 '폭력'이라는 주제를 일상생활과 분리된 큰 이야기로만 이해하려 드는 경향이 있다는 것을 너희도 알 것이다. 그러나 커 보였던 이야기도 가까이에서 들여다보면 일상생활과 깊이 결합되어 있는 문제라는 것을 금방 깨달을 수가 있지. 폭력을 사용하는 사람 역시 뿔 달린 괴물이 아니라 우리와 똑같은 평범한 심성을 가진 사람인 경우가 훨씬 더 많고……."

> "아, 스승님, 참으로 우리의 일상은 폭력으로 충만한 곳인 듯합니다."

적자는 깊은 한숨을 내쉬었다. 제자들은 각기 생각에 잠겼다. 지자는 제자들의 묵상을 방해하지 않기 위해 조용히 상연정 밖으로 나가 길가에 주차된 자동차로 다가갔다. 그리고 사이드 미러에 얼굴을 이리저리 비춰 보며 쓸쓸히 중얼거렸다.

"빗맞은 자국인데 왜 이리 오래 간단 말이더냐. 아…… 서럽구나."

---

1 퇴갤은 인터넷 커뮤니티 사이트인 디시인사이드에서 유래한 인터넷 용어다. 디시인사이드의 게시판 역할을 하는 '갤러리'에서 나간다는 말에서 시작되어 다양한 곳으로 의미가 확장되어 사용된다.
2 키워질은 현실에서는 소극적이지만 키보드만 잡으면 전사처럼 공격적으로 변하는 사람들을 가리키는 인터넷 신조어 '키보드 워리어'(keyboard warrior)의 줄임말에, 어떤 것을 하는 행위라는 의미의 '질'이 결합된 용어다.

2
자녀 교육에서 나의 성숙으로

●
●

그곳은 신세계였다!

처음 인터넷 텔레비전을 보았을 때, 적자는 입을 다물지 못했다. 평소 거의 모든 예능 프로그램을 챙겨 보지 않고서는 잠을 자지 못하던 그에게 인터넷 텔레비전은 그야말로 신세계와 다름없었다.

"놀랍도다. 이제 불법 다운로드의 유혹에 시달리지 않아도 되는구나."

단 한 번도 이겨 본 적 없는 유혹을 상기하며 적자는 리모컨을 조작했다. 잠시 후, 텔레비전에서는 유명 예능 프로그램의 3년 전 에피소드가 흘러나왔다.

"이렇게 풍성한 콘텐츠가 쌓여 있다니. 보고寶庫로다, 보고야!"

그리고 한 달이 지났다. 적자의 손에서 리모컨이 툭 떨어졌다. 그의 입가가 바르르 떨렸다.

"이, 이럴 수는 없어!"

적자는 도저히 믿을 수 없다는 듯 고개를 설레설레 흔들며 다시 리모컨을 잡았다. 그는 두 손으로 리모컨을 단단히 잡은 후, 분당 600타로 문자 메시지를 보내는 여중생처럼 리모컨 버튼을 현란하게 눌렀다.

"아······."

불과 얼마 전, 턱밑까지 내려온 다크서클을 보면서도 "다크서클은 풍류남아의 스티그마타(Stigmata)[1]지!"라며 터무니없는 자신감을 보였던 적자의 입에서 외마디 신음이 흘러나왔다. 그는 무릎 사이에 고개를 파묻으며 절망적으로 뇌까렸다.

"이럴 순 없다. 그 풍성한 보고가 벌써 고갈되었을 리가 없어! 왜 벌써······."

그렇다. 적자는 수면을 극도로 줄이고 배달 음식으로 식사를 해결하는 등 각고의 노력을 기울인 끝에 인터넷 텔레비전에 축적된 예능 프로그램을 한 달 만에 모두 시청한 것이다.

적자는 창문을 열었다. 반지하 방의 조그만 창문 밖으로 쭈그리고 앉아 있는 교복 입은 남학생들의 모습이 보였다.

"콜록!"

적자는 잔기침을 했다. 담배 연기가 창문을 통해 흘러 들어온 까닭이었다. 적자는 창밖의 남학생들을 매서운 눈으로 쳐다보았다. 적자는 학생들이 결코 들을 수 없는 나지막한 목소리로 중얼거렸다.

"세 놈이라서 참았다. 두 놈만 되었어도……."

적자는 눅눅하지만 안락한 보금자리, 보증금 300에 월세 15만 원짜리 반지하 방으로 시선을 돌렸다.

"말세로다! 강호의 의리는 땅에 떨어지고 학교 교육은 반 토막이 났도다! 이 일을 어찌 할꼬……."

그때 적자의 눈이 빛났다. 그는 다시 한 번 리모컨을 조작하기 시작했다. 이번에는 여중생처럼 빠른 손놀림이 아니었다. 대신 그는 몹시 신중하게 손을 움직였다. 멀쩡하게 사람이 살고 있는 땅을 신대륙이라 주장하던 콜롬버스처럼, 혹은 생전 처음 캥거루를 보고 당황한 영국의 범죄자들처럼 조심스러웠다. 한 번도 가 보지 않은 길이기에 그는 몹시 신중했다. 결국 몇 번의 실수 끝에 적자는 교육 방송 콘텐츠에 접근하는 데 성공했다.

"교육 문제는 역시 교육 전문가에게 듣는 게 가장 빠르겠지?"

적자는 커다란 베개에 몸을 반쯤 묻은 채 잡아먹을 듯한 눈빛으로 텔레비전을 보았다. 특별 기획 다큐멘터리 몇 편이 휙휙 지나갔다. 적자는 고개를 끄덕거리기도, 갸웃거리기도 했다. 하지만 그는 더 이상 텔레비전에 집중할 수 없었다. 누군가 문을 두드렸기 때문이다.

○ ○ ○

"적자 씨, 안에 계십니까? 경찰입니다."

적자는 깜짝 놀랐다. 특별히 유익한 존재로 살지는 않았지만 그렇다고 남에게 폐 끼치는 일도 하지 않았다고 자부해 왔건만, 갑자기 경찰이 웬 말인가! 적자는 잔뜩 긴장한 채 대답했다.

"예, 제가 적자인데요. 무슨 일이시죠?"

"실종 신고가 접수되어서 확인차 방문했습니다. 본인이 맞으신가요?"

순간 적자는 머릿속이 아득해졌다. 그는 문을 열고 경찰에게 신분증을 보여 주었다. 알고 보니, 지난 한 달 동안 두문불출하며 연락도 하지 않은 그를 걱정한 식자가 실종 신고를 했던 것이다. 적자는 부끄러운 마음에 경찰을 서둘러 돌려보낸 후 오래전에 꺼진 휴대전화를 충전기에 연결했다. 잠시 후 휴대전화 전원을 켜자 부재 중 전화 알림 서비스에서 메시지를 보내왔다. 〈부재중 전화 168건〉 적자는 눈을 꼭 감아 버렸다.

그 순간 거짓말처럼 벨이 울렸다.

"여보세요."

"사제! 도대체 어떻게 된 일인가? 어디 아프기라도 했던 겐가?"

식자였다.

"아, 아닙니다, 사형. 긴히 공부할 것이 있어서……."

"이 친구가! 연락도 통 안 되고…… 스승님과 사형이 얼마나 걱정하셨는지 아는가? 가만, 지금 집이지? 거기 그대로 있게. 내가 지금 가겠네!"

"사, 사형! 그러지 않으셔도……."

적자는 망연자실했다. 전화가 끊긴 지 20분도 지나지 않아 식자가 들이닥친 것이다. 식자는 어지러운 방 안을 둘러보며 눈살을 찌푸렸다.

"이게 뭔가? 돼지우리도 이거보단 깨끗하겠네."

"사형, 그런 이야기 하시려고 여기까지 오신 겁니까?"

"이 사람이! 밥은 먹었는가?"

갑자기 적자의 눈시울이 붉어졌다. 천 날 만 날 대들고 다퉜던 선배였건만 그래도 이렇게 찾아와 준 사람은 식자뿐이었다.

식자가 다시 입을 열었다.

"도대체 뭘 하느라 한 달이나 두문불출한 게야? 한 달 내내 야한 동영상이라도 본 겐가? 아니지, 자네는 그 뭐냐…… 아, 그래! 예능 프로그램! 거, 연예인들이 자기들끼리 장난치고 웃고 하는 그런 거나 보지 않았나?"

"사형, 그게 무슨 말씀이십니까? 교육 방송을 보고 있었습니다, 교육 방송! 저기 보십시오. 지금도 나오고 있잖습니까!"

식자는 머쓱한 표정을 지었다. 적자는 이때다 싶어 말을 쏟아 놓기 시작했다.

> "사형, 제가 그동안 대한민국의 교육 현실에 대해서 고민이 많았습니다. 앞으로 자녀를 갖게 되면 어떻게 키워야 할지 벌써부터 걱정이 되더란 말입니다."

"내 생각엔, 자네는 결혼부터 먼저 걱정해야 할 것 같은데."

"흠흠! 어쨌든 저는 여기서 교육에 대해 다양한 정보를 섭렵하고 있었단 말입니다."

적자는 필사적으로 말을 이었다. 식자가 비아냥거릴 기회를 주지 않기 위해서였다. 식자는 고개를 갸웃거렸다.

"정보를 많이 아는 게 그리 도움이 되겠는가? 종자 사형은 얼마 전에 다른 말씀을 하시더군. 사형의 아내 분께서 육아 정보가 많은 인터넷 카페에 가입하신 이후로 고민이 더 많아지셨다고 말이야. 그 카페에서 '지금 시기엔 무슨 장난감을 가지고 놀아야 지능이 발달된다더라', '이제는 무슨 전집을 읽혀야 한다더라'는 식의 정보가 몹시 난무해서 외려 아이를 잡는 것 같다고 걱정하시더군."

"사형, 제가 연구한 것은 그런 유행이 아니라 교육학 이론에 바탕을 둔 정확한 정보입니다. 보십시오. 지금도 유명한 선생님이 나와서 말씀하시는 중이시잖습니까!"

적자는 손가락으로 텔레비전을 가리켰다. 텔레비전에서는 "넌 나한테 못 이긴다"는 말로 유명해진 육아 교육 전문가[2]가 무언가를 말하는 중이었다. 식자는 다시 고개를 절레절레 흔들었다.

"그런데 학자들마다 성장 발달 이론을 다르게 설명하는 건 어떻게 받아들일 겐가? 그 가운데 어떤 것이 인간을 제대로 이해하는 성경적 관점인가? 나는 스승님이 해주신 말씀이 깊이 와 닿았다네."

"스승님이 어떤 말씀을 하셨길래요?"

적자가 눈을 빛냈다. 평소 그는 스승님의 사상적 적자嫡子라고 자부해 왔다. 적자는 스승님이 하신 말씀 가운데 자신만 못 들은 이야기는 없을 것이라고 자신했다.

"스승님께서는 자녀를 키우는 선배들에게 이렇게 말씀하셨지. '자녀 교육의 왕도가 하나 있으니, 그것은 너희가 해온 것의 정반대로 하는 것이니라. 자녀들에게 지나친 관심을 쏟고 온갖 교육 방법론을 열심히 들이대는데 외려 자녀들은 그냥 놔둘 때 잘 크는 경우가 더욱 많으니라.' 이제 기억나는가?"

적자의 얼굴은 붉게 달아올랐다. 식자는 빙긋이 웃으며 말했다.

"그리고 이런 말씀도 하셨지. 실제로 요즘 청년들을 보면 좋은 부모님 밑에서 잘 자란 것의 부작용이 심심찮게 드러난다고 말이야. 상연정의 선배들보다 훨씬 경건 생활도 잘하고 능력도 많은 것 같으나 결정적인 순간에 스스로 선택하지 못하고 부모님을 찾는다고 하셨지. 똑똑하고 반듯하게 자녀를 키워 낸 줄 알았는데 험악한 세상을 살아갈 내성을 길러주지 못했다는 말씀도 하셨고."

"기억납니다, 사형. 제가 홈스쿨 이야기를 꺼냈을 때 해주신 말씀이었지요. 제 계획은 어릴 때부터 기독교적 정신으로 책을 읽히고 세속 교육에 노출되지 않도록 착실하게 길러서 기독교 대학에 보내는 것이었지요."

"그래. 스승님은 그 자체로는 나쁘다 하지 않으셨어. 다만 그것이 유일한 정답은 아니라고 하셨지. 자녀 교육은 더 열심히 할 일이 아니라 덜 열심히 해야 할 일이라는 게 가르침의 핵심이었고."

"그래도 사형, 방치했다가 아이가 비뚤어지면 어떡합니까?"

"어허, 이 사람! 김두식 선생의 이야기도 해주지 않으셨던가! '지랄 총량의 법칙'을 잊었는가?"

"아, 기억납니다, 사형! 모든 인간에게는 일생에 쓰고 죽어야 하는 '지랄'의 총량이 정해져 있다는 법칙 말씀이지요? 어떤 사람은 그 정해진 양을 사춘기에 다 써 버리고 어떤 사람은 나중에 늦바람이 나서 그 양을 소비하기도 하는데 어쨌거나 죽기 전까진 반드시 그 양을 다 쓰게 되어 있다는 것! 사춘기 자녀가 이상한 행동을 하더라도 그게 다 자기에게 주어진 '지랄'을 쓰는 것이겠거니 생각하면 마음이 편해진다고 하셨지요."

"그렇지. 어쨌거나 아직 결혼도 안한 우리 둘이 이런 이야기를 계속하는 게 무슨 의미가 있겠는가? 스승님께로 가세. 가서 스승님의 이야기를 함께 들어 보세."

식자는 적자의 어깨를 두드리다가 갑자기 말을 멈추었다. 한참이나 인상을 찌푸리던 식자는 조용히 말했다.

"우선 좀 씻게나."

○ ○ ○

'하나, 둘, 셋······.'

마음속으로 수를 헤아리며 적자는 눈을 비볐다. 뿌옇게 흐려진 시야 안으로 작은 모래시계가 나타났고, 적자는 모래 알갱이의 움직임을 주목하며 별을 헤아리는 마음으로 수를 세었다. 적자는 모래시계가 몇 번이나 뒤집히고, 열기로 인해 정신이 아득해질 때까지 자리를 지키고 앉아있었다. 기분 좋은 나른함을 느끼며 적자는 조용히 중얼거렸다.

"오랜만에 땀을 빼니 사지가 다 녹아내리는 것 같군. 좀 힘들긴 하지만 그동안 몸에 쌓인 독소를 빼려면 이 정도는 해야······."

적자는 미처 말을 끝맺지 못한 채 미간을 찌푸렸다. 그의 시선 끝에는 한증막 중앙에 서 있는 중년 남성이 있었다. 방금 전까지만 해도 한증막의 나무 의자를 붙잡고 팔굽혀펴기를 하고 있던 그는 제자리에서 통통 뛰기 시작했다. 땀이 사방으로 튀긴 했지만 인상을 찌푸릴 정도는 아니었다. 진짜 문제는 그가 셰도우 복싱[4]을 시작했다는 것이었다.

잽과 스트레이트의 원투 펀치를 기본으로 훅과 어퍼컷을 섞어 가며 연습하는 남성을 보고 있던 적자는 두 눈을 꼭 감아 버렸다. 마음 같아선 "공공장소니 적당히 하시오!"라고 말하고 싶었지만 차마 입이 떨어지지 않았다. 스포츠 까막눈인 적자가 보기에도 그 남성의 주먹질이 예사롭지 않아서였다. 그리고 그의 왼팔에 엉터리 한자가 새겨져 있다는 점도 이유로 작용했는지 모른다.

적자는 눈을 감은 채 땀 흘리는 데만 집중하려 했다. 하지만 적자의 그런 노력을 비웃기라도 하듯 중년 남성은 입으로 "췻, 췻" 소리를 내기 시작했다. 그는 "이 소리는 입에서 나는 소리가 아니여. 주먹이 공기를 가를 때 나는 소리지!"라고 중얼거리며 셰도우 복싱을 계속했다.

결국 참다 못한 적자는 자리에서 벌떡 일어났다. 적자는 단호하면서도 섬세한 동작으로 벽에 바싹 붙어 출구로 이동했다. 흡사 한 마리 도마뱀을 연상시키는 그의 움직임에는 공기를 가르는 주먹과의 접촉 사고만은 절대로 피하고야 말겠다는 의지가 담겨 있었다.

횡스크롤 게임[5]의 주인공처럼 한증막을 빠져나온 적자는 샤워기로 가서 찬물을 틀었다. 한데 폭포수처럼 강렬하게 두피를 두들겨 줄 물벼락을 기대했건만, 흘러나온 것은 시냇물처럼 가느다란 물줄기였다. 몇 개의 샤워기를 틀어 보아도 결과는 마찬가지였다. 이는 분명 물을 아끼려는 주인의 농간이 틀림없다고 단정한 적자는 주인의 인색함을 욕하며 목욕탕에 비치된 물비누를 필요 이상으로 과하게 사용했다.

그렇게 샤워를 마친 적자는 물기를 대강 닦아 내고 선풍기 바람을 쐬며 몸을 말렸다. 그리고 마지막으로, 낯선 남자에게서 익숙한 향기를 느끼게 해주는 비약^{秘藥}, 목욕탕용 스킨 로션을 발랐다. 적자는 황홀한 눈빛으로 거울을 바라보며 중얼거렸다.

"이제야 스승님을 만날 준비가 되었군. 내가 생각해도 심했지. 나한테서 그런 냄새가 났을 줄이야……."

잠시 후 적자는 보무당당하게 상연정에 들어섰다. 오랜만에 만나는 그리운 얼굴들이 거기에 있었다. 적자는 우선 무릎을 털썩 꿇으며 말했다.

"스승님, 그리고 사형들! 말도 없이 사라졌던 것을 용서해 주십시오. 이제 다시는 같은 일을 되풀이하지 않겠습니다."

"응? 자네, 어디 다녀왔는가?"

멀뚱한 표정으로 종자가 물었다. 적자는 '역시, 종자 사형은 한결 같은 마음으로 스승님만 보고 있구나'라고 생각하며 고개를 조아렸다. 그때 지자의 목소리가 들려 왔다.

"참으로 오랜만이로구나. 전화를 해도 받지 않아 걱정하던 터였는데, 식자에게 이야기를 듣고는 그제야 안심했느니라. 그래, 한 달이나 두문불출하며 교육에 대해 궁구^{窮究}하였다고?"

"네? 네! 그, 그렇습니다, 스승님! 소생이 보기에 사회적으로 크게 화제가 된 여러 사건의 이면에 교육 문제가 깊이 연결되어 있음이 틀림없습니다."

적자의 등줄기로 식은땀이 흘렀다. 차마 인터넷 텔레비전에 빠져서 반폐인으로 살았다는 이야기는 할 수 없었다. 적자는 지자가 뭔가 더 물어 오기 전에 선수를 쳐야겠다는 일념으로 말을 이었다.

"해서 교육에 관해 스승님께도 여쭈어볼 것이 많사옵니다. 특히 이론적인 것 외에 스승님의 자녀 교육 경험에 대해서……."

하지만 적자는 계속할 수 없었다. 지자가 돌연 침울한 표정으로 먼 하늘을 바라보았기 때문이다.

"적자야……."

"네, 스승님."

"사무엘도 실패한 것을 어찌 나에게 묻느냐?"

착각인지 모르겠으나 지자의 눈가가 잠시 반짝인 것 같았다. 적자는 조심스레 물었다.

"하면 자녀 교육에 대해 성경이 이야기하는 바라도……."

"짧은 경구들이야 너희도 충분히 찾을 수 있는데 굳이 내게 물어볼 것까지 있겠느냐?"

잠시 어색한 침묵이 오갔다. 그때 식자가 끼어들었다.

"그러고 보니 스승님, 성경에서 자녀 교육에 몰입하는 사람을 찾기란 참 힘든 일인 것 같사옵니다. 오히려 성경에는 자녀 교육에 실패한 이야기가 더욱 많지 않사옵니까?"

"오, 사형! 그거 그럴 듯합니다. 그런데 스승님…… 아직도 아드님 때문에 속앓이를 하시는 중이십니까?"

지자는 허허롭게 웃었다.

> "공부하러 멀리 보내 놓으니 요즘에는 딱히 그럴 일도 없다. 눈에서 멀어지니 갈등할 일도 없어지더구나. 부모의 지나친 관심이 아이의 분노를 유발시킨다는 것을 몸으로 배운 셈이지. 허허허."

"하면 스승님, 아예 관심을 끊고 자기가 알아서 크도록 내버려 두는 것이 가장 좋은 교육 방식이옵니까?"

적자의 도전적인 질문을 들은 지자는 미소 지으며 대답을 떠넘겼다.

"종자야, 네 생각은 어떠하냐?"

"제자의 짧은 경험에 비추어 보건대, '자녀 교육을 잘 시켰다는 말'은 아무래도 '아이들이 부모의 말에 토 달지 않고 시키는 대로 잘하는 것'을 뜻할 때가 많은 것 같사옵니다. 아이를 위해서라고 말하지만 돌아 보면 외려 아이에게 독이 될 때도 있음이 틀림없고요. 우리는 여전히 죄성을 가진, 완성되지 않은 존재이니 교육에 부모의 욕심과 세상 가치가 개입되는 것이 당연한지도 모르겠사옵니다. 요즘 종종 이야기하는 성품 교육이라는 것도, 일견하기엔 좋아 보이나 결국 부모의 이데올로기를 아이에게 강요하는 것이 아닌가 하는 염려도 되옵니다."

"오호, 종자 너도 고민이 많았구나. 과연 아이를 낳고 길러 본 사람이라 다르구나. 옳다, 종자야. 일찍이 스탠리 하우어워스 선생께서 말씀하셨듯이 성품은 공동체와 고난을 통해서 형성되는 것이지.[6] 특정한 방법으로 성품을 주입한다는 것은 무리한 시도일 게야."

지자의 말을 들은 세 제자의 반응은 제각각이었다. 종자는 고개를 끄덕거렸고 적자는 여전히 모르겠다는 듯 알쏭달쏭한 표정을 짓고 있었다. 하지만 식자는 못내 불편한 기색을 감추지 않고 입을 열었다.

"결국 틀을 없애는 것이 옳다는 것이옵니까? 제자는 도무지 그렇게까지는 생각하지 못하겠사옵니다."

"식자야, 틀을 없애자는 이야기가 아니니라. 하지만 문제의 근원을 짚어 보기 위해서는 분명 이 점을 짚고 넘어가야 할 것이야. 대부분의 부모가 자녀 교육에서 실패를 느끼는 경우는 아이를 훈육하다가 자기가 그어 놓은 기준에 아이가 미치지 못했을 때지. 부모가 자기 욕심에 따라 일정한 틀을 짜고 아이를 통제하는 것을 훈육이라고 생각하는 데서 모든 비극이 시작되는 것이야."

"그러니 그것을 극복하기 위해 아예 훈육을 안 하는 게 더 좋다는 말씀이 아니옵니까?"

지자는 식자의 어깨를 두드렸다.

"물론 그렇게 선택하는 사람도 있지. 부모에게 받은 상처 때문에 아이들이 잘못되었다고 판단하고 아이의 자유 의지를 억압하지 않으려는 부모들이 분명 존재하지."

"하지만 아무리 부모가 자유를 준다 해도 자식 입장에선 다르게 생각하지 않겠사옵니까?"

적자가 끼어들자 식자는 크게 고개를 끄덕이며 말했다.

"저도 그렇게 생각하옵니다. 다소 극단적인 예이기는 하지만 가정에서 맞지 않고 큰 아이들이 학교에서 선생님에게 한 대만 맞아도 엄청난 충격을 받는 경우가 종종 있사옵니다. 아이를 존중해 준다며 곱게 키웠다가 나중에 더 큰 문제가 되는 것은 아닌지요? 아, 스승님. 모르겠습니다. 무엇이 정답이옵니까?"

지자는 볼살을 쓰다듬으며 대답했다.

"그러니 은혜가 필요한 게야. 이 문제에 정답은 없으니 말이다. 그러나 우리가 늘 염두에 둘 것은 분명히 있느니라. 우선 실패를 두려워하지 말거라. 어떤 방식도 완전하지 않으니 어느 순간 반드시 좌절감을 맛볼 때가 있을 것이니라. 그러나 그때마다 자녀는 부모를 성숙케 하기 위한 하나님의 선물이라는 것을 기억하거라. 자녀의 미래는 하나님께 맡기고 양육의 과정을 통해 내가 성숙해 갈 것을 생각하고 행동하는 태도가 필요하니라."

말을 마친 지자는 제자들을 둘러보았다. 여전히 제자들은 아리송한 표정이었다. 지자는 소리를 버럭 질렀다!

"그러게, 사무엘도 실패한 걸 왜 나한테 물어보냔 말이다!"

---

1 스티그마타(Stigmata)는 성흔(聖痕), 즉 예수 그리스도가 십자가형을 당할 때에 몸에 생겼다고 전해지는 상처 또는 과학적으로는 도저히 설명할 수 없는 신비한 힘에 의해서 그리스도인들의 몸에 저절로 나타난다고 전해지는 예수가 받은 상처와 유사한 상처를 말한다. 로마 가톨릭에서는 이것을 기적의 하나로 보고 있다.

2 육아 교육 전문가 오은영 박사는 〈우리 아이가 달라졌어요〉라는 프로그램으로 유명해졌으며, 특히 방송에서 아이들의 고집을 꺾는 훈육법을 알려 주기도 하였다.

3 '지랄 총량의 법칙'은 경북대 법학전문대학원 김두식 교수가 쓴 『불편해도 괜찮아』(파주: 창비, 2010)에 나오는 내용이다.

4 셰도우 복싱(shadow-boxing)은 권투의 연습 방법 중 하나로 가상의 적을 상상하며 권투 기술을 연습하는 행동을 뜻한다.

5 횡스크롤 게임(橫-scroll game)은 캐릭터가 화면의 왼쪽에서 오른쪽으로 이동하는 방식의 게임을 뜻하는 용어다. 〈슈퍼 마리오〉, 〈마계촌〉, 〈더블 드래곤〉 등이 대표적 횡스크롤 게임이다.

6 Stanley Hauerwas, "A Story-Formed Community: Reflections on Watership Down", A Community of Character: Toward a Constructive Christian Social Ethic (Notre Dame, IN: University of Notre Dame Press, 1991), 9–35쪽.

3
건조한 성령 충만

•

향긋한 커피 향으로도 쫓아낼 수 없는 나른함이 상연정을 감싸고 있었다. 적자는 딸그락 소리를 내며 찻잔을 잔 받침에 내려 두었다.

"산천은 의구한데 인걸은 간 데 없네……."

"뜬금없이 웬 시조인가?"

적자와 마주 앉은 채 커피를 홀짝거리던 식자가 퉁명스럽게 물었다. 그러자 적자는 긴 한숨을 내쉬며 대답했다.

"뭔가 꽉 막혀 있다는 느낌이 들어서요. 저만 **빼고** 모두 잘 사는 것 같습니다."

"사람 참…… 사는 게 다들 거기서 거기지. 물론 자네가 원체 게으르니 남들보다 느릿하게 움직이긴 하지만……."

"아니에요, 사형. 그런 말이 아니란 말입니다."

적자는 고개를 좌우로 흔들며 말을 이었다.

"하얗게 타 버린 숯덩이가 된 느낌입니다. 근원적인 힘이 고갈되었어요. 이걸 채우기 전에는 한 발짝도 움직이지 못할 것 같습니다."

"충전이 필요하다는 겐가? 기계는 콘센트에 꽂아 두면 충전이 되는데, 자네는 어디에 꽂혀야 충전이 될까?"

식자는 사뭇 진지한 얼굴로 말했다. 하지만 적자는 못마땅한 듯 미간을 찌푸렸다.

"사형, 너무하십니다. 지금 저는 농담을 받을 여력이 없습니다."

"흠흠…… 미안하이."

"물론 충전이 필요한 것은 사실입니다. 안 그래도 몇 군데 알아보던 중이었고요."

"호, 그래?"

식자의 눈이 번쩍 뜨였다. 하지만 적자는 식자와 눈을 맞추지 않으며 이야기했다.

"스승님께 허락을 구한 후 한 며칠 다녀오려 합니다."

"어디를? 행선지는 정한 게야?"

식자가 찻잔을 내려놓으며 묻자 적자는 잠깐의 망설임 끝에 대답했다.

"사흘 동안 실시되는 영성 훈련 캠프에 다녀오려고요. 거기에 다녀오면 내면이 가득 채워진 느낌을 받는다고들 해서요."

"무엇을 채울 필요가 있단 말이지?"

"앗, 사형! 언제부터 듣고 계셨습니까?"

갑작스런 종자의 출현에 적자는 화들짝 놀랐다. 종자는 웃으며 두 사람의 어깨를 두드린 후 재차 물었다.

"채움이 필요하다고 느끼는 겐가?"

"그렇지요……."

적자는 짧게 대답하면서도 말끝을 흐렸다. 식자는 그 틈을 놓치지 않고 물었다.

"무엇으로 채우기를 원하는 겐가?"

"아, 그거야…… 음……. 물론 성령으로 충만해지기를 원하지요."

"성령 충만을 위해 꼭 그 캠프에 가야 할 이유는 뭔가?"

"아, 그야……."

적자는 뭐라 대답하려다가 입을 다물었다. 앙다문 입 모양이 완강한 느낌을 주었다. 하지만 식자는 더욱 완강한 태도로 말했다.

"혹시 성령을 캠프장에서만 판매하는 배터리로 생각하고 있는 건 아니겠지? 성령님은 능력이 많은 분이긴 하지만 능력이 곧 성령님인 것은 아니지 않는가."

"그 정도는 저도 알고 있습니다, 사형."

적자는 마지못해 고개를 끄덕였다. 그때 종자가 다시 끼어들었다.

"나는 막내의 고민이 약간 이해될 것 같기도 하다네. 보통 내적으로 심히 고갈되었을 때일수록 성령 충만을 더 갈구하게 되지."

"하지만 사형, 색다른 경험, 혹은 종교적 경험을 통해서만 얻는 충만한 느낌이 과연 일상생활에 얼마만큼 영향을 끼칠 수 있을까요?"

식자는 잠시 말을 멈춘 후 적자를 바라보며 말했다.

"일상과 유리된 경험을 통해 감정이 고양되면 지금 자네의 고민이 해결될 수 있을까?"

"사형, 사형은 저의 공허함을 모르십니다. 껍데기만 남은 것 같은 제 심정을 어떻게 설명해야 이해하시렵니까!"

적자는 한마디 한마디를 씹어 뱉었다. 종자는 잠시 적자를 바라보다가 슬그머니 그의 손을 잡았다.

"아마 식자도 일체의 종교적 경험을 배제하자는 뜻은 아닐 걸세. 다만 특별한 훈련이나 경험에 의지할 수 없는 평범한 일상생활 속에서 성령 충만을 경험하는 것을 강조할 필요가 있다고 생각한 것이겠지."

"그렇습니다, 사형."

식자는 고개를 끄덕였다. 종자는 한 손으론 적자의 손을 꽉 쥐고 나머지 손으론 스마트폰을 사용하며 말했다.

"일찍이 스승님께서는 건조한 일상생활 가운데서 성령 충만을 누리는 삶이 가능하다고 말씀하신 바 있다네. 그러니까 진정으로 성령 충만한 삶은…… 음, 내면을 채우려는 시도를 멈추고 삼위 하나님 안에 푹 잠겨 들 때에 비로소 경험할 수 있는 것이라 하셨지."[1]

"그것이 건조한 일상생활에서 가능하다고요?"

적자는 고개를 갸웃거리며 물었다. 종자는 잡고 있던 손을 슬그머니 놓으며 말했다.

"자세한 건 스승님께 물어보는 게 좋지 않겠나?"

○○○

적자는 빠져나가던 종자의 손을 꽉 움켜잡았다.

"사형, 그러지 말고 조금만 더 말씀해 주십시오."

"원, 이 친구…… 그래, 대신 내가 대답할 수 있는 걸로 물어보게!"

종자가 마지못한 얼굴로 대답하자 적자는 헤실헤실 웃으며 말했다.

"스승님께서 삼위일체 신학을 중히 여기신다는 것은 잘 알겠습니다. 그런데 저는 여전히 감이 잘 오질 않습니다. '성령충만은 내면을 채우려는 시도를 멈추고 삼위 하나님 안에 푹 잠겨 들 때에 비로소 경험할 수 있는 것이라'는 말씀을 인용하셨잖습니까? 저는 이 말씀이 어렵게만 들립니다. 아니, 왜 성령충만 이야기에서 바로 삼위일체로 넘어가는 것입니까?"

"이해하네. 옛 사람들 중에도 '삼위일체를 부인하면 신앙을 잃고 삼위일체를 수용하면 정신을 잃는다'는 말을 하신 분이 있을 정도였으니 오죽하겠는가."

종자의 말에 적자는 고개를 과장되게 끄덕거렸다.

"제가 지금 딱 그렇습니다. 저는 그저 팍팍한 마음이 좀 촉촉해졌으면 더 바랄 게 없는데, 스승님의 말씀은 오히려 저를 더 어렵게 만듭니다."

"미안하다!"

순간 적자의 얼굴이 흙빛이 되었다. 갑자기 나타난 지자는 아랫입술을 쑥 내민 채 적자를 바라보고 있었다.

"스, 스승님 언제 오셨습니까?"

"왜? 내 얼굴만 봐도 마음이 어려워지느냐?"

"그것이 아니오라······."

적자는 몹시 불안한 눈으로 스승에게 말을 붙여 보았지만 돌아오는 것은 냉담한 반응뿐이었다.

"스승님 너무 노여워 마십시오. 저 친구야 본디 하나를 배우면 열을 잊는 것을 장기로 삼고 있지 않습니까! 저희는 스승님의 가르침을 언제나 가슴에 담아 두고 있사옵니다."

식자의 말을 들은 지자는 콧방귀를 뀌며 말했다.

"그렇다면 식자 네가 말해 보거라. 내가 왜 성령 충만을 말함에 삼위일체 신학을 강조하였는지를!"

"소생이 불민하나마 스승님께 배운 바를 옮겨 보겠사옵니다."

식자는 지자에게 허리를 숙여 인사한 후 적자를 향해 몸을 돌리고 이야기를 시작했다.

"자네, 이번에는 잊어버리지 말고 귀담아 들어 두게. 자네가 고민하는 '영성'의 문제에 있어 삼위일체 신학을 아는 것, 나아가 삼위일체 신앙을 갖는 것의 중요성은 아무리 강조해도 지나치지 않다네. 우리 신앙의 대상이신 하나님이 삼위일체로 존재하시니, 하나님의 존재 방식을 이해하려는 노력 없이 어떻게 바른 신앙과 영성이 가능하겠는가!"

적자는 입을 삐죽거리며 '그런 말은 나도 할 수 있소. 하지만 삼위일체처럼 추상적인 신학이 실제 삶과 어찌 연결된단 말이오?'라고 생각했다. 그런데 식자는 마치 적자의 마음을 들여다보기라도 한 것처럼 말하였다.

"삼위일체 신학은 사변이나 관념이 아닌, 초기 성도들의 실제적 고민에서 시작되었다네. 유대교 전통에서 나고 자란 그들은 '야훼는 유일한 하나님이다'라는 선언을 진리로 믿어 왔다네. 그런데 그들이 '예수 그리스도는 하나님의 아들이시며 곧 하나님이시다'는 신앙 고백을 시작하는 순간 고민이 시작되었지. '하나님은 유일하신데 어찌 예수 그리스도께서도 하나님이시란 말인가?' 고민은 그것이 다가 아니었다. 오순절에 '다른 보혜사' 곧 성령께서 임재하셨네. 해서 그들은 유대교의 진리, 즉 오직 야훼만이 유일한 하나님이라는 것을 포기하지 않으면서도 그리스도인이 되는 길, 그리고 예수 그리스도의 말씀을 깨닫게 하시는 성령 하나님의 다스림을 받으며 살아가는 삶에 대해 고민하기 시작했지. 그에 대한 해답으로, 후대에 다듬어진 것처럼 세련되고 정교하지는 않으나 삼위일체적 신앙 고백을 하기에 이르렀지."

식자는 자기 이야기에 도취되어 눈을 감고 잠시 숨을 고른 후 말을 이었다.

"많은 사람이 성령 충만을 갈망하지만, 정작 성령님이 어떤 분인지에 대해서는 무지한 경우가 적지 않네. 성령님은 당신이 드러나기를 원하는 분이 아니시지. 성령으로 충만한 사람은 예수 그리스도를 알게 되며 예수 그리스도는 그를 성부 하나님께로 인도해 가신다네. 이렇듯 성령 충만은 단순히 어떤 능력을 받거나 마음이 감동되는 것을 넘어서 삼위 하나님의 관계 속에 참여하게 되는 것을 의미하는 것이니 어찌 삼위일체 신학을 강조하지 않을 수 있겠는가?"

말을 마친 식자는 지자의 눈치를 흘끗 살폈다. 아래로 내려가 있던 지자의 입매가 슬며시 올라가 있었다. 스승의 표정을 확인한 식자는 의기양양한 표정을 지어 보였다. 그러자 적자는 입술을 삐죽거리며 말했다.

"말씀은 그럴듯합니다만, 정작 성령 충만을 받기 위해 무엇을 해야 하는지에 대해서는 한마디도 하지 않으셨습니다."

"이보게, 자네는 성령 충만이라고 할 때의 '충만'을 무슨 밥공기에 밥 담듯 두둑하게 채워지는 것으로 생각하나? 자네가 뭔가를 열심히 하면 멀리 계시던 성령님이 날아와 자네의 텅 빈 내면에 입을 대고 풍선 불 듯 훅훅 부시는가? 그러면 충만해지는가? 아니네. 성령님은 이미 예수 그리스도를 주님이요 구원자(Lord & Savior)로 영접한 때부터 언제나 우리와 함께 계셨다네. 자네 또한 성부와 성자와 성령의 이름으로 세례를 받지 않았는가?"

"저는 침례를 받았습니다만……."

식자는 못 들은 체하며 말을 이어갔다.

"성령 충만은 에너지를 충전하는 것이 아니네. 이미 우리와 함께 계신 성령님의 다스림을 받는 것이 곧 성령 충만이니, 이를 위해 우리가 해야 할 일은 성령님이 함께 계심을 믿고 그분께서 말씀하시는 바에 순종하는 것일세. 성령님께서 실제로 우리 삶을 다스리시게 되는 것이 바로 성경이 말하는 성령 충만이야!"

"흠, 역시 옳은 말씀입니다만 너무 맹숭맹숭하지 않습니까?"

식자는 적자의 반문에 고개를 내저었다.

"지나치게 맵고 짠맛에 길들여져서 깊고 순한 맛을 느끼지 못하니 계속 더 강한 자극을 찾는 게지. 스승님이 그동안 가르쳐 주신 일상생

> 활의 영성이야말로, 건조한 듯하나 참으로 깊고 순한 영성이라 할 수 있지."

"옳거니! 식자야 잘 말해 주었다. 평범한 일상생활에서 성령님의 이끄심을 구하고 그분의 다스림에 복종하는 것이야말로 진정한 성령 충만의 길이니라. 일상은 일견 건조해 보이나 실은 삼위 하나님의 공동체에 우리를 참여하게 하는 견조한[堅調: 단단하고 고른] 길이지."

지자는 흐뭇하게 웃으며 식자의 머리를 쓰다듬어 주었다. 식자는 지자 몰래 적자를 향해 혀를 쑥 내밀었다.

| 지성근, "그리스도인의 영성 '밑 빠진 독에 물 붓기'인가?," 〈소리〉 2008년 4월호.

4
선교적 교회를 꿈꾸며

지자는 물끄러미 눈앞을 바라보았다. 막 쪄낸 대게의 다리에서 김이 무럭무럭 올라오고 있었다. 참치와 광어, 우럭 등 다양한 생선회가 싱싱한 자태를 뽐내고 있었다. 그리고 고개를 조금 돌리자 빈속을 달래라고 마련한 듯한 따끈한 전복죽과 눈으로도 부드러움이 느껴지는 게살 스프가 보였다. 지자의 눈동자가 촉촉이 젖어 들었다.

'아, 이곳은 정말이지……'

그때! 지자의 상념을 깨뜨리는 목소리가 들렸다.

"스승님, 이곳이 바로 낙원 아닐까요?"

어딜 가든 지자의 곁을 떠나지 않는 충성스런 제자, 종자의 목소리였다. 종자는 고급 씨푸드 뷔페의 풍요로움에 넋을 잃은 듯 입가로 한줄기 가느다란 침을 흘리고 있었다.

"그래, 과연 이곳은……."

"낙원은 무슨! 거 과장이 심하구먼! 아 스승님, 구경만 하시면 어떡합니까? 어서 드셔야지요!"

190센티미터에 육박하는 큰 체구를 가진 남자가 호탕한 목소리로 말했다. 그는 호랑이의 그것처럼 무성한 눈썹을 실룩거리며 웃었다. 속마음을 들킨 듯한 지자의 눈빛이 미미하게 흔들렸다.

"공공장소에서는 목소리 좀 낮추게. 이거 원 창피해서."

"내 돈 내고 내가 밥 먹는데 말 좀 크게 하는 게 뭐 어떤가? 자네는 여전하구먼."

"자네야말로!"

지자는 열심히 접시에 음식을 담으면서 두 남자의 티격태격하는 모습을 바라보았다. 종자와 대화하는 남자 역시 자신의 제자였다. 거대한 체격에 호탕한 성격으로 맹자孟子라는 이름을 얻었던 제자. 비록 지금은 상연정을 떠났지만 이렇듯 수시로 스승을 찾아와 식사를 대접하는 기꺼운 제자였다.

'역시 종자, 맹자 이 기수 애들이 참 착해.'

지자는 핑크빛 속살을 뽐내는 훈제 연어에 호스래디시 소스와 케이퍼를 얹으며 흐뭇하게 미소 지었다.

"그런데 제수씨는 언제 오는가? 결혼 전에 같이 인사드리러 온다면서 왜 자네만 온 거야?"

"같이 오려고 했는데 회사 일이 좀 늦게 끝난다네. 이해해 주게."

"이 친구, 벌써부터 꽉 잡혀 사는구먼."

맹자는 멋쩍은 미소를 지으며 대답했고 종자는 질문을 계속했다.

"신혼집은 어떻게 하기로 했나? 요즘은 신혼부부를 위한 아파트도 있다던데."

"빚으로 살진 못해도 빚으로 살 순 있지 않나. 대출로 어찌어찌 해결했네."

"그랬구먼. 참, 이사한 후에 교회는 어디 출석하기로 했나?"

갑자기 맹자의 얼굴이 굳었다. 매사에 당당한 그에게서 좀처럼 볼 수 없는 표정이었다.

"…… 그게 가장 고민일세. 집 구하는 게 교회 결정보다 쉬울 정도야."

"좀 자세히 말해 보거라."

지자는 우물거리던 연어 샐러드를 꿀꺽 삼키고는 따뜻하게 말했다.

"스승님, 상연정에 있을 때도 교회 때문에 많이 고민했지만 사회 생활을 시작한 후엔 그 고민이 더욱 커졌습니다. 스승님 께 배웠던 신앙 공동체와 성도의 삶에 대한 가치를 붙들고 살기에는 교회의 현실이 만만치 않았습니다."

"그렇더냐?"

"예. 무엇보다 메시지에 많이 갑갑했습니다. 중산층 이상을 위한 맞춤형 메시지, 그리고 교회 일이 곧 주님의 일이라는 지극히 교회 내적인 메시지를 들으며 얼마나 스승님 생각이 났는지 모릅니다. 그뿐입니까? 가끔은 교회 안의 갈등을 적당히 봉합하려는 의도를 갖고 메시지를 수단으로 사용한다는 느낌마저도 받았습니다."

지자는 맹자를 물끄러미 바라보았다.

"그뿐이더냐?"

"아닙니다. 섬김과 봉사의 가치가 교회 조직을 관리하고 유지하는 데 한정되는 것도 몹시 힘들었습니다. 그나마 세상으로 뛰어 드는 것에 대한 이해도 해외 선교나 사회 봉사 활동 정도였습니다. 스승님께 배우기로 하나님은 우리 6일의 삶 자체를 예배로 받으시는데, 많은 교회가 너무 교회 안으로만 영역을 제한

하려 드는 것 같았습니다. 스승님은 우리에게 이렇게 가르치셨 잖습니까, 진정한 교회는 사람들을 끌어모으기(attractional)보다, 성육신적(incarnational)으로 사람들 곁에 찾아가야 한다고요."

"또한 예수님의 삶과 가르침에 뿌리를 내림으로 말미암아 일상생활의 다양한 즐거움 속에서도 신비함을 맛볼 수 있는 메시아적 영성(Messianic spirituality), 그리고 신약 교회의 역동적 모습을 있게 했던 사도적 리더십(Apostolic leadership)도 함께 가르치셨지."

언제 꺼냈는지 종자는 조그마한 수첩을 꺼내 읽고 있었다. 맹자는 고개를 주억거리며 말을 이었다.

"수없이 대화를 시도하고 변화를 위해 노력했지만 도무지……. 스승님, 그래서 새로 교회를 선택하는 일이 몹시 두렵습니다."

"자네가 맘고생이 많았구먼. 이사 갈 곳 근처의 작은 교회를 좀 살펴보지 그랬나?"

"그 생각을 안 해본 것도 아니네. 하지만 개척 교회라고 해도 의사소통의 문제, 내부 지향적인 사역의 문제는 그대로 존재하는 것 같더구먼. 그리고 결정적으로 아내 될 사람이 규모가 작은 교회를 별로 좋아하질 않아."

"흥, 너무 편하게 신앙 생활하려는 거 아닌가? 잘 차려진 밥상에 숟갈만 하나 올려놓는 것처럼, 적당히 필요를 채울 수 있는 교회를 고르려는 마음 때문에 갈등되는 건 아니고?"

"종자야, 그만하거라!"

지자의 목소리가 높아졌다. 종자는 물론 종자의 말을 들으며 눈썹을 치켜세우던 맹자도 고개를 조아렸다.

"그리 함부로 이야기할 수 있는 부분이 아니니라! …… 맹자야."

"예, 스승님."

"앞으로는 상황이 더욱 어려워질 것이다. 내 많은 제자가 이상에 부합하는 교회를 찾아다니는 것을 보았느니라. 하지만 여러 이유 때문에 원래 다니던 교회로 돌아갔지. 어떤 아이는 교회 학교 교육 때문에 큰 교회에 등록하기도 했고, 또 어떤 아이는 부모님이 대대로 신앙 생활하던 교회라서 쉽게 움직이지 못하기도 했었다. 교회에 대한 고민은 많아도 정작 어떤 결단을 내리기 힘든 것이 실제 삶인 것을 내 잘 아느니라."

"스승님……."

맹자의 눈가가 촉촉이 젖어 들었다. 종자 역시 눈시울을 붉혔다.

"하지만 맹자 너는 이대로 다른 사람들처럼 흘러가기는 싫겠지?"

"네, 싫습니다. 저는 배운 바대로, 믿는 바대로 살고 싶습니다! 스승님, 어떻게 해야 합니까? 가르침을 주십시오."

맹자의 눈은 언제 그랬냐는 듯 물기가 걷힌 채 강한 광채를 뿜어냈다. 지자는 내심 미소를 지었다.

"한번 결정하면 추진력은 일품인 녀석이니 여기서 조금만 더 이야기하면······."

"앗! 스승님, 그 이야기는 잠시만······. 저기 입구에 들어온 여자가 저와 결혼할 자매입니다."

맹자의 손가락이 가리키는 방향에는 살결이 희고 키가 큰 서구형의 미인이 있었다. 맹자는 손가락을 거두며 지자에게 말했다.

"스승님, 조금 전에 하던 이야기는······."

"걱정 말거라. 나중에 따로 다시 이야기하자꾸나."

이윽고 여인이 가까이 다가왔다. 여인은 지자에게 고개 숙여 인사했다.

"미희라고 하옵니다. 스승님에 대한 이야기는 익히 들어 왔습니다."

"참으로 아름다운 여인이로구나. 잘 어울리는 한 쌍인 듯하면서도 어찌 보면 맹자 네게 과분한 여인인 것 같구나. 허허."

지자는 뒤늦게 합류한 미희에게 식사를 권했다.

씨푸드 뷔페의 다양한 메뉴를 푸짐히 즐긴 후 사람들은 후식을 선택했다. 지자는 아이스크림에 뜨거운 에스프레소를 부은 아포가토를 음미하며 맹자와 미희에게 말했다.

"듣자하니 두 사람이 다른 준비는 다 된 것 같은데 아직 교회 문제는 해결하지 못한 것 같더구나. 내 이번에 책 한 권을 함께 읽고 새로운 교회에 대해 고민하는 모임을 가지려 하는데 두 사람도 참석해 봄이 어떨꼬?"

> "스승님, 외람되지만 혹시 '작은 교회가 아름답다' 같은 이야기를 하시려는 거라면 저는 참석하지 않겠습니다!"

미희는 단호하게 말했다. 맹자는 안절부절못하며 미희와 지자의 눈치를 살폈다.

하지만 지자는 여유롭게 웃었다.

"허허, 자기주장이 분명한 게 마음에 드는구먼. 걱정 마시게. 일찍이 하워드 스나이더 선생은 중요한 것은 교회의 DNA이기에 우리는 대형 교회 마니아도, 소형 교회 마니아도 되어선 아니 된다는 말씀을 하신 바 있지.[1] 마침 두 사람을 위한 선물로 책을 가져왔으니 함께 읽어 본 후에 상연정에 들러 주시게."

지자는 「새로운 교회가 온다」²라는 제목의 책을 맹자에게 주었다.

"자, 오늘은 이만 일어나도록 하자꾸나. 종자야, 너도 어서 갈 준비를 하거라."

"알겠습니다, 스승님."

종자는 후식 코너의 쿠키를 휴지에 싸서 가방에 넣었다. 살짝 열린 종자의 가방 틈새로 지자가 좋아하는 루이보스차 티백이 한 움큼 보였다. 지자는 무한한 신뢰를 담아 종자의 어깨를 토닥거렸다.

○ ○ ○

캄캄한 하늘 사이로 쏟아진 굵은 빗발이 창문을 두드렸다. 창밖의 풍경만큼은 아니지만 실내도 어둑하긴 매한가지였다. 정전이라도 된 것일까? 연두색의 두툼한 양초 끝에 매달린 불꽃 하나만이 아스라이 실내를 밝히고 있었다. 양초는 불꽃과 더불어 은은한 향기를 실내에 가득 퍼트렸다.

"아……."

흐릿한 촛불에 의지해 실내를 바쁘게 돌아다니던 사람이 굽어진 허리를 펴며 나직하게 한숨을 쉬었다. 그는 모자가 달린

갈색 망토를 걸치고 있었는데, 얼굴이 잘 보이지 않을 정도로 모자를 깊이 눌러쓰고 있었다. 손등으로 허리를 몇 번 두드리던 그는 방 한편에 있는 오디오로 다가가서 뮤지컬 〈오페라의 유령〉 1986년 오리지널 캐스트 버전의 OST CD를 집어넣었다. 6번 트랙의 〈The phantom of the Opera〉가 웅장하게 흘러나왔고 때마침 창밖에선 번개도 쳐 주었다. 망토를 걸친 남자, 적자의 입에 미소가 걸렸다.

"이만하면 완벽하다. 역시 팬텀은 제라드 버틀러보다 마이클 크로포드가……."

순간! 어둑하던 실내가 깜빡거리기 시작하더니 갑자기 천장의 형광등이 일제히 켜지기 시작했다. 그리고 적자가 가장 껄끄러워하는 목소리가 들려왔다.

"사제, 지금 뭐하는 건가?"

"사, 사형…… 오늘부터 함께 「새로운 교회가 온다」를 읽고 공부하기로 하지 않았습니까? 이런 책을 읽을 땐 뭔가 어둡고 신비스런 분위기가 좋을 것 같아서 제가 자리를 준비하고 있었지요."

식자는 한숨을 쉬며 주위를 둘러보았다. 어디서 구해 왔는지 테이블 위에는 검은색 천을 씌워 두었고, 제사상에서나 쓸 법한 황동 촛대에는 가까운 마트에서 개당 5,000원에 구입했음이 틀림없는 라벤더 향 아로마 향초가 꽂혀 있었다. 고개를 설레설레 흔들며 식자는 말했다.

"아니, 평소에 알던 사람들끼리 책 읽는 모임인데 이 무슨 거창한 세팅인가? 게다가 자네 꼴은 그게 뭔가? 자네가 간달프[3]나 드루이드[4]도 아니고, 혹시 무슨 코스프레[5] 동호회 모임이라도 참석하는 줄 알고 온 겐가?"

"사형, 참 딱하십니다. 이런 이야기하시는 것을 보니 책을 안 읽으신 것이 틀림없습니다. 3부 9장 '매체가 곧 메시지다'를 못 보셨습니까?"

"또 엉뚱한 짓 하는구먼. 오늘은 1부만 다루기로 하지 않았나? 그리고, 아무리 그래도 그렇지. 그 복장, 이 분위기가 도대체 무슨 메시지를 전한다는 말인가?"

식자의 이마에 핏줄이 서기 시작했다. 저 게으르고 뻔뻔한, 게다가 고집까지 센 녀석이 오늘도 식자의 속을 뒤집어 놓는 것이었다.

"어허, 왜 이렇게 시끄러워?"

문득 들려오는 목소리, 스승에게는 한없이 충성스러우나 아우들에게는 끝없이 엄격한 종자였다. 종자를 보자마자 식자와 적자는 다급히 변명부터 시작했다. 종자의 미간이 일그러졌다. 종자는 한마디 던지며 밖으로 나가려 했다.

"두 사람 모두 조용히 하게!"

"큰 사형, 어디 가십니까?"

"뭐라고 말씀 좀 해주셔야지요? 이 꼴을 그냥 두고 보실 겁니까?"

"끄응…… 잔말 말고 방 안에서 근신하고 있게. 스승님 천천히 오시라고 할 테니 그동안 여기 좀 치우고!"

종자는 거칠게 문을 닫으며 밖으로 나왔다. 그리곤 재빨리 휴대전화를 꺼내어 스승에게 전화를 했다.

"스승님, 접니다. 계획을 바꾸셔야겠습니다. 이미 사제들이…… (후략)."

"으음…… 알겠다. 그럼 평범하게 들어가야겠구나. 조금 늦을 것 같다고 말해 두거라."

"예, 그렇지 않아도 사제들에게 일러두었습니다."

종자의 전화를 받은 지자는 위장 크림을 꼼꼼하게 발라 흑인처럼 시커멓게 변한 얼굴을 씻기 시작했다. 세안을 마친 후 지자의 입에서 아쉬움 섞인 목소리가 흘러나왔다.

"모피어스[6] 코스프레로 분위기 잡고 시작하려 했는데……."

지자는 소화제가 들어 있는 찹쌀 캡슐 두 개를 테이블 위에 내려 둔 채 집을 나섰다. 빨간색 캡슐 하나, 파란색 캡슐 하나였다.

○ ○ ○

"모두 모였느냐?"

"예, 스승님. 맹자는 아내와 선약이 있어서 참석이 힘들겠다고 연락 왔습니다."

"아쉽구나, 어쩔 수 없지. 이렇게 소박한 첫 모임도 나쁘지는 않구나."

지자는 세 제자를 돌아보며 가벼이 한숨을 쉬었다.

"모두 책은 다 읽었겠지? 어디 느낀 바를 자연스럽게 이야기해 보거라."

"저부터 하겠습니다, 스승님!"

나서기 좋아하는 막내 제자, 적자가 말문을 열었다.

"저는 이 책을 읽으며 초반부터 큰 충격을 받았습니다. 이전에는 콘스탄티누스 황제가 기독교를 로마의 국교로 삼은 것을 복음의 승리라고 생각해 왔습니다. 그런데 이 책을 읽으며 오히려 그때부터 기독교가 길을 잘못 든 것이라는 생각이 들었습니다."

"그렇더냐?"

"예, 그때부터 시작된 크리스텐덤(Christendom: Christian Kingdom, 기독교 왕국) 교회의 DNA에 '끌어모으기식, 이원론적,

계층적', 이 세 가지 결함이 포함되어 있다는 부분에 무릎을 쳤습니다. 제자가 평소부터 교회에 대해 고민하던 내용을 정확하게 요약해 주었습니다. 특히 끌어모으기식 교회의 대안으로 삶의 현장으로 스며들어 가는 성육신적 교회론을 제시하는 부분은 완전 끝내줬습니다. 물론 식자 사형은 '불편'하셨겠지만요."

식자가 발끈했다.

"왜 가만히 듣고 있는 나를 건드리는 겐가?"

"그럼 아닙니까?"

"자네랑은 말 안하겠네. 스승님, 사실 제자는 이 책에서 현대 교회를 무조건 크리스텐덤 사고에 젖어 있는 교회로 규정하는 방식이 불편했습니다."

"이것 보십시오."

"자네랑은 말 안 한대두! 아무튼 스승님, 약간만 문제 있어 뵈는 것은 무조건 크리스텐덤으로 몰아 붙이는 것 같았습니다. 게다가 성육신적 교회론 자체는 당연히 동의하지만, 이 책에서 세세히 언급하는 실제 예를 보다 보면 당장 기존 교회를 해체하고 교회 개척에 뛰어 들라는 것 같았습니다."

"진정들 하거라. 종자는 어떠하더냐?"

지자는 달아오르는 분위기를 진정시키기 위해 종자에게 말을 시켰다. 메모의 달인 종자는 표지에 유성 펜으로 '#48'이라고 써 둔 대학 노트를 꺼내 읽기 시작했다.

"보냄 받은 세상으로 스며드는 성육신적 교회론은 이미 스승님께 배워 익히 알고 있었지만, 이 책은 풍성한 사례를 담고 있어 다소 두껍지만 재미있고 유익했습니다. 게다가 줄리엣 비노쉬님의 아름다운 자태가 빛났던 영화 〈초콜릿〉을 통해 그러한 교회론을 설명하는 장면에서는 그야말로……."

옷깃을 여미며 줄리엣 비노쉬를 언급하던 종자는 결국 목이 매여 말을 맺지 못했다. 그 틈에 다시 식자가 말했다.

"저도 불편하게만 보지는 않았습니다. 특히 이 책에서 제시한 중심 구조와 경계 구조를 통해서는 상당히 많은 통찰을 얻었습니다. 끌어모으는 교회는 울타리를 쳐서 양을 가두는 경계 구조의 목장으로, 성육신적 교회는 울타리는 없지만 우물을 중심으로 양이 머무는 중심 구조의 호주식 목장으로 설명하는 것을 읽으며 우리가 지향해야 할 새로운 교회의 특징을 감각적으로 이해하게 해주었습니다."

"좋구나! 허면 우물, 즉 중심은 무엇이라야 하는지도 기억하느냐?"

"예수님이십니다!"

세 제자가 합창하듯 동시에 외쳤다. 지자는 껄껄 웃으며 말했다.

"모두 책을 제대로 읽었구나. 이 책이 말하는 새로운 교회란 실상 가장 익숙한 교회이니라. 오래전 피터 드러커 선생은 미국에서 가장 조직 혁신을 잘한 곳으로 걸스카우트를 꼽았지. 그리고 혁신의 중심에 있었던 걸스카우트의 총수는 새로운 걸 하려 한 것이 아니라 걸스카우트 본래의 정신을 충실히 구현한 것일 뿐이라고 대답했느니라. 단순히 유니폼 입고 로프나 들고 다니는 조직이 아니라, 여성에게 선거권도 없던 그 시절에 여성이 가치 있는 존재로 살도록 애쓴 것이 걸스카우트 정신이었다는 게지. 이 책이 우리에게 보여 주는 새로운 교회, 변화된 기독교도 그런 것이 아니겠느냐?

"일종의 급진적인(radical) 근본주의라고도 할 수 있겠군요?"

적자의 반문에 지자는 고개를 끄덕이며 대답했다.

"그렇지. 아, 이 좋은 책을 좀 더 많은 사람이 함께 읽으면 얼마나 좋을꼬?"

"그러게 말입니다. 맹자 이 자식이 결혼하더니 마누라 핑계나 대고……."

스승의 눈빛을 살피는 데 달인의 경지에 이른 종자는 빛의 속도로 문자 메시지를 보내기 시작했다.

○○○

 이마에 식은땀이 송골송골 맺혔다. 무언가에 짓눌리는 느낌에 맹자는 눈을 떴다. 어깨가 으스러질 것만 같았다. 익숙하지 않은 통증에 쓴웃음을 지으며 맹자는 자신의 팔을 베고 있던 아내 미희의 머리를 조심스레 밀어냈다. 맹자는 굳은 어깨를 주무르며 다시 잠을 청했다. 하지만 한 번 놓친 잠은 좀처럼 다시 찾기 어려웠다. 결국 맹자는 침대 곁에 있는 스탠드를 켰다. 어슴푸레 방 안이 밝아 왔다. 끄트머리에 금빛 장식이 가볍게 들어간 앤틱풍의 스탠드가 뿌려 주는 빛이었다.

 "음……."

 은은한 빛에 자극을 받았는지 미희의 눈가에 주름이 잡혔다. 맹자는 다급히 스탠드의 빛을 손으로 가렸다. 다행히 미희는 한두 번 몸을 뒤척이더니 이내 가벼이 코를 골기 시작했다. 맹자는 내심 안도하며 조심스럽게 침대에서 내려왔.

 "어디 가?"

 갑작스런 아내의 목소리에 맹자의 몸이 딱딱하게 굳었다.

 "어, 화장실……."

 "올 때 손 씻는 거 잊지 마."

 "응, 응……."

등줄기가 축축해졌다. 맹자는 화장실에서 볼일을 본 후 일부러 문을 열어 놓은 채 수도꼭지를 돌렸다. 그리고 괜히 첨벙거리며 큰 동작으로 손을 씻은 후 닦는 둥 마는 둥 대강대강 수건을 만졌다.

맹자가 다시 침대로 돌아오자 미희는 꿈꾸는 듯한 목소리로 물었다.

"손 씻었어?"

"그럼! 물소리 못 들었어?"

미희는 맹자의 손을 잡아 냄새를 맡았다.

"또 비누 안 쓰고 물 칠만 했네?"

"다시 씻고 올까?"

"됐어. 빨리 자!"

말을 끝내는 것과 동시에 미희는 다시 코를 골기 시작했다. 맹자는 혀를 내둘렀다. 불같은 연애 기간을 거치고 결혼식을 올린 지 이제 겨우 한 달. 그러나 맹자는 지난 한 달이 일 년처럼 느껴졌다. 눈을 뜨는 순간부터 눈을 감을 때까지, 아니 심지어 잠자는 습관조차도 부딪히는 것 투성이었다.

"생生은 고해苦海로다……."

사랑하는 마음은 변함없건만…… 생활 방식의 차이는 어쩔 수 없었다. 특히 맹자는 밤늦은 때에 읽고 쓰는 것을 좋아하는 반면, 미희는 연속극을 본 후 저녁 11시면 바로 잠자리에 들어야만 했다. 그래서 맹자는 아내가 잠든 시간에 스탠드의 약한 불빛에 의지해서 책을 읽는 습관이 생겼다. 물론 미희가 잠든 사이에…….

맹자는 낮에 챙겨 두었던 가방을 열었다. 노란색 표지의 두툼한 책 한 권과 태블릿 PC, 무선 키보드가 들어 있었다. 책을 꺼내어 한참 동안 고개를 주억거리기도, 갸웃거리기도 하며 역자 후기까지 모두 읽은 후 맹자는 나지막이 한숨을 쉬었다.

"제목만 봤을 땐 다니던 교회에서 탈출해서 새로운 교회를 개척하라는 것인 줄 알았는데, 생각보단 덜 과격하고 상식적인 내용이군. 책에서 말하는 새로운 교회란 스승님이 전부터 말씀하시던 '보냄 받은 교회'였어."

뭐라 중얼거리며 맹자는 조심스럽게 태블릿 화면을 켜고 키보드를 연결했다. 그는 SNS 앱을 열어 종자가 올린 독서 모임 사진에 "오늘 참석하지 못해서 미안하네"라고 댓글을 달았다. 그러고는 메모장 앱을 열어 글을 쓰기 시작했다.

독서 노트 2019년 #01

마이클 프로스트, 앨런 허쉬 공저, 「새로운 교회가 온다」, 지성근 역 (서울: IVP, 2009).

400페이지가 넘는 분량 때문에 처음에는 망설였지만 실제로 이 책을 다 읽는 데 걸린 시간은 놀랍도록 짧았다. 풍성한 실제 사례 때문에 시간 가는 줄 모르고 읽었다. 다양한 사례를 제외하고 새로운 교회에 대한 저자의 핵심 주장을 요약한다면 세 가지로 말할 수 있다.

첫째, 새로운 교회는 사람들을 끌어모으는 방식으로 전도하지 않고 그리스도의 성육신처럼 사회로 흩어지는 공동체다. 둘째, 새로운 교회는 세상을 종교적이고 거룩한 곳과 비종교적이고 속된 곳으로 분리해서 바라보는 이원론적 시각 대신 통합적 시각을 갖는 공동체다. 셋째, 새로운 교회는 '목회자〉장로〉집사〉일반 성도' 같은 피라미드형 구조 대신 수평적 리더십을 지향하는 공동체다.

맹자는 엄지손가락으로 관자놀이와 눈두덩을 번갈아 가며 지그시 눌렀다. 흐릿한 불빛 아래에서 집중해서 책을 읽느라 적잖이 머리가 아팠다. 그때 맹자의 눈이 반짝였다. 태블릿의 메신저 앱에 누군가 말을 걸어온다는 알림이 떴기 때문이었다.

충성이   안 자고 뭐 하나?

뉴라이프   누, 누구세요?

충성이   날세. 나, 종자!!!!

뉴라이프   아~ 자네야말로 안 자고 뭐 하는가?

충성이   애기가 울어서 일어났지. 애 엄마는 자고 내가 대신 우유 먹이느라······.

뉴라이프   생은 고해로다! 고생하는구먼.

충성이   자네도 멀지 않았다네.

뉴라이프   쳇! 그나저나 반갑네. 안 그래도 낮에 전화하려고 했었는데.

충성이   무슨 일로?

뉴라이프   스승님께서 선물하신 「새로운 교회가 온다」를 읽었다네. 선교적 교회에 대해서 물어볼 게 있어서.

충성이 뭔가?

뉴라이프 자네 가정에서 이런 공동체로 모인다고 했지?

충성이 그렇지.

뉴라이프 어떤가? 실제로 책에 있는 대로 되던가?

충성이 대답하기 곤란한 질문이구먼.

뉴라이프 무슨 뜻이지?

충성이 가끔 우리 공동체가 '대안 교회'냐고 묻는 사람들이 있어. 그럼 난 '그냥 교회'라고 대답하지. 한계를 가진 죄인들의 공동체니까. 너무 특별한 걸 기대하면 오히려 실망할 가능성이 크니까.

뉴라이프 하지만 그냥 교회라고 하기에는 특별한 부분이 많지 않나?

충성이 시각에 따라서는 그렇지. 일단 건물을 갖지 않고 가정에서 돌아가며 모이긴 하는데 그것만 가지고 '선교적 교회'라고 말하는 건 어폐가 있다네. 물론 선교적 교회의 중요한 특징 중 하나가 '교회 건물 중심으로 사람들을 끌어모으지 않는다'는 것이긴 하네만.

뉴라이프 자체 건물 없이 모인다는 거 말고 다른 특징은 없는가? 리더십 문제나 재정 운영의 특징 같은 거 말일세.

충성이 궁금한 게 많구먼. 우리 공동체는 처음 출발할 때부터 건물을 소유하지 않기로 하면서 헌금의 일정 비율을 특수 목적 비용으로 적립하기로 했었네. 몇 년쯤 지나니 꽤 모였더군. 그걸 어디에 썼을 거 같나?

뉴라이프 건물은 안 가진다고 했으니 어디 기부라도 했는가?

충성이 아닐세. 일단 공동체 구성원이 모두 모여서 한참 동안 의논했고(수평적 리더십을 실제로 실현하려고 많이 노력하고 있다네), 소액 대출 프로젝트를 하기로 했지. 이름은 '보아스 프로젝트'네.

뉴라이프 대출????????? 보아스????

충성이 맞네. 대출. 하지만 일반적으로 생각하는 이자 받는 대출은 아니고 한 번에 백만 원 안팎으로 무이자로 빌려주는 걸세. 대출받는 사람은 미리 상환 계획을 제시하고 말이야. 일종의 '마이크로 크레딧'[7]인데, 자세한 건 인터넷에 검색해 보게. 자네도 종종 느끼겠지만 갑자기 1,2백만

원이 필요해서 발만 동동 구르는 사람이 우리 주변에 많더라고.

뉴라이프 독특하구먼. 그럼 대상은 공동체 안의 사람들인가, 밖의 사람들인가?

충성이 양쪽 다 가능하지. 공동체 식구 중에 대학 등록금이 부족했던 친구가 있었는데 마지막 학기 등록금의 일부를 보아스 프로젝트로 대출받았지. 지금은 다 갚았어. 그리고 공동체 바깥의 사람들에게 대출해 주는 건 처음부터 떼일 각오를 하고 시작했는데 의외로 차곡차곡 상환이 되더구먼. 피곤해서 안 되겠네. 더 많은 이야기는 다음에 계속하세.

뉴라이프 아, 마지막으로 한 가지만 더 물어보겠네. 굳이 교회가 그 일을 하게 된 계기가 있는가? 그리고 자네는 '선교적 교회'이기 때문에 그 일을 더 잘할 수 있다고 생각하는가?

충성이 한 가지가 아니잖나! 책에 나온 선교적 교회의 정신 세 가지를 생각해 보면 답이 되지 않겠나? 보냄 받은 장소와 사람들을 성육신적으로 섬기기 위해 다 함께 고민을 했다네. 작은 공동체라서 모두가 의사 결정에 참여했고. 이미 정해진 정책을 따라가는 교회 분위기에서는 맛볼 수 없는 역동적인 뭔가가 분명히 있는 곳이지.

뉴라이프 그런가?

충성이 물론 한계도 언제나 함께 존재하지만. 아무튼 오늘은 이만하고 나중에 다시 이야기하세나. 아니면 상연정 홈페이지[§]에 접속해서 〈Missional Movement〉 게시판을 읽어 보든가.

뉴라이프 그렇게 하겠네. 다음에 꼭 한 번 보세.

충성이 매번 말로만……. 잘 자게.

대화가 끝난 후에도 맹자는 모니터를 뚫어지게 바라보았다. 아니, 정확히 말해 독서 노트와 대화 내용을 거듭해서 읽었다. 현실 교회의 모습이 스승에게 배웠던 정신과 너무나 달라서 안타까워하고 때론 분노했던 과거가 떠올랐다. 그리고 맹자는 자신의 내면에 무언가가 꿈틀거리고 있다는 것을 느꼈다. 맹자의 입에서 들릴락 말락 작은 목소리가 흘러나왔다.

"새로운 교회……."

"내일 출근 안 할 거야?"

잠꼬대인지 그냥 하는 말인지 분간이 되지 않는 미희의 목소리. 맹자는 흠칫하며 침대에 누웠다. 그의 입에서 더 작은 목소리가 흘러나왔다.

　　"생은 고해로다."

1　하워드 스나이더, 「교회 DNA」 최형근 역 (서울: IVP, 2006).
2　마이클 프로스트, 앨런 허쉬 공저, 「새로운 교회가 온다」 지성근 역 (서울: IVP, 2009).
3　간달프(Gandalf)는 영화 〈반지의 제왕〉에 등장하는 마법사다.
4　드루이드(Druides)는 고대 켈트족의 종교인 드루이드교의 사제(司祭)다.
5　코스프레(コスプレ)는 만화나 게임의 주인공을 모방하는 취미 문화를 설명하는 말로 costume(복장)과 play(놀이)의 합성어. 영어로는 코스플레이(cosplay)라고 한다.
6　영화 〈매트릭스〉의 주요 등장인물로, 주인공 네오를 각성시키는 반군 지도자다. 유명한 대사로 "이게 마지막 기회야. 다시는 돌이킬 수 없어. 파란 알약을 먹으면 여기서 얘기는 끝난다. 자넨 침대에서 깨어날 것이고 믿고 싶은 걸 믿게 되는 거지. 빨간 알약을 먹으면 이 이상한 나라에 남아 끝까지 가게 돼. 명심해. 난 진실만을 제의한다"가 있다.
7　마이트로 크레딧은 저소득층과 저신용자를 대상으로 하는 소액 대출 사업이다.
8　'일상생활사역연구소' 홈페이지(http://1391korea.net)를 참고하기 바란다.

호당 선생,
일상을 말하다

감사의 글

휴학과 복학을 되풀이하며 꼭 십 년 만에 대학을 졸업한 서른 살에, 저는 일상생활사역연구소의 식객이 되었습니다. 그 후로 삼십 대를 이곳에서 보내며 주일과 평일, 교회 안과 밖을 구분하는 관점에 도전하고 일상의 가치를 재발견하는 즐거운 훈련으로 꼬박 십 년을 사용했습니다.

그 과정 중에 과분한 기회를 많이 얻었습니다. 선생님과 선배들에게 배운 바를 말과 글로 다른 사람들에게 나눌 수 있었습니다. 이 책의 초고도 그러한 나눔의 일환으로 〈시냇가에 심은 나무〉(IVP)에 연재된 글이었습니다(2013-2015년).

연재 당시에는 나름대로 공부하고 끙끙거리면서 '내 작업', '내 글'이란 생각을 했었습니다. 하지만 초고를 묶고 고쳐 책으로 만드는 작업을 하며 다른 생각이 선연하게 떠올랐습니다. 돌아보니 이 책에 실린 원고 중 순전히 제 머리에서 나온 글은 단 한 편도 없었습니다.

때문에 연구소의 동료들, 지성근 소장님과 박태선, 차재상,

김종수 연구원님, 그리고 호당 선생의 모델이 되신 정한신 연구원님께 각별한 감사의 마음을 전합니다. 저는 단테가 아니지만 이 분들은 베르길리우스처럼 저를 훈련시키고 인도해 주셨습니다. 이 분들의 훈도가 아니었다면 무거운 몸과 연약한 정신을 가진 저는 모든 것이 애매한 상태로 중도에 도망쳤을 것이 분명합니다.

글을 쓰고 책을 만드는 지난한 과정에서 만난 분들 중 감사하지 않은 분이 없습니다만, 한정된 지면을 핑계 삼아 몇 분께만 여기서 인사드립니다. 초고를 연재할 당시, 예정된 마감 기한을 제대로 지키지 못한 불성실한 저로 인해 번번이 마음 졸이셨던 정석률(시냇가에심은나무), 민혜경(소리) 간사님에게 이 자리를 빌려 사과와 감사를 함께 드립니다. 늘 책 쓸 것을 권하시며 여러모로 조언해 주시고 실질적인 도움을 주신 김기현 목사님께 고개 숙여 감사드립니다.

마지막으로 누구보다도 나의 베아트리체 한진에게 감사와 사랑의 말을 전합니다. 나는 당신을 통해 구원하시는 하나님의 손길을 일상에서 날마다 경험합니다.

호당 선생, 일상을 말하다

초판 발행	2019년 4월 25일
지은이	홍정환
발행인	김수억
발행처	죠이선교회(등록 1980. 3. 8. 제5-75호)
주소	02576 서울시 동대문구 왕산로19바길 33
전화	(출판부) 925-0451
	(죠이선교회 본부, 학원사역부, 해외사역부) 929-3652
	(전문사역부) 921-0691
팩스	(02) 923-3016
인쇄소	영진문원
판권소유	ⓒ죠이선교회
ISBN	978-89-421-0414-7 03230

책값은 뒤표지에 있습니다.
잘못된 도서는 교환하여 드립니다.
이 책 내용의 일부 또는 전부를 재사용하려면 반드시 죠이북스의 허락을 얻어야 합니다.

이 도서의 국립중앙도서관 출판예정도서목록(CIP)은 서지정보유통지원시스템 홈페이지(http://seoji.nl.go.kr)와 국가자료공동목록시스템(http://www.nl.go.kr/kolisnet)에서 이용하실 수 있습니다.(CIP제어번호: CIP2019012714)